なんでも、漬けもの。

河井美歩

主婦と生活社

基本の漬け方

本書で使用しているおもな漬け方を解説します。
マリネやナムルなどのあえものも、本書では広義の漬けものとして考えています。

塩漬け

・キャベツ
・きゅうり
・ズッキーニ
・大根
・なす
・にんじん
・白菜
など

シンプルで素材の持ち味が楽しめる漬け方です。野菜に塩をふり、軽くもんでそのままジッパーつき保存袋に移し、冷蔵室に入れるだけ。水分が出てきたら食べられますが、6時間ほど漬けたものが食べごろです。塩の量は素材の重量の2％ならしっかりとした塩けがあり、日もちが長くなります。1％ならサラダ感覚であっさりと食べられます。

オイル漬け

・きのこ
・ミニトマト
・肉
・魚介
・チーズ
・豆腐
・豆類
など

この本で紹介しているオイル漬けは3つ。ひとつは味つけをした素材にたっぷりのオイルを注ぎ、保存性を高めたもの。もうひとつは多めのオイルでゆっくり煮て、素材のうまみを引き出したもの。残りはオイルであえるマリネやナムル風のもの。使用するオイルはできるだけ良質で味にくせがなく、香りは強すぎないものがよいでしょう。

酢漬け

・野菜全般
・肉
・魚介
など

酢や砂糖などを合わせた漬け汁に、下ごしらえをした素材を加えるだけなので簡単です。漬け汁を合わせるときは必ず砂糖をよく溶かしてください。漬け汁の砂糖の量を多めにすると甘酢漬け、スパイスやハーブを加えるとピクルスになります。この本で紹介しているピクルスは酢と水の割合が同量で、酸味がマイルドなものが多く、子どもでも食べやすい味になっています。冷蔵室でひと晩おくと食べごろに。

みそ漬け

・野菜全般
・こんにゃく
・卵
・チーズ
・豆腐
・練り製品
など

みそに砂糖やみりんを合わせただけの簡単なみそ床ですが、奥深い味に仕上がります。みそは甘口がおすすめ。もちろんお手持ちのものでも大丈夫です。長く漬けていると塩けが強くなるので、食べるときにみそを落とします。

しょうゆ漬け

・野菜全般
・まぐろ
・こんにゃく
・卵
・チーズ
・練り製品
・豆類
など

漬け汁はしょうゆにだし汁や酒、みりんなどを混ぜたもの。しょうゆとほかの調味料を合わせることで味の幅が広がります。好みでにんにくやわさび、ごま油を加えても。素材を大きめに切ると塩けが少しやわらぎます。

おすすめの調味料

基本的にはお手持ちのもので問題ありませんが、少し気を遣って選んでみると、仕上がりがさらにおいしくなります。

◎**油**

サラダ油はくせがなく、軽い口あたりの「鹿北製油 菜たねサラダ畑」、ごま油は独特の風味があり、味に深みを出してくれる「九鬼ヤマシチ純正胡麻油」をよく使います。オリーブオイルは「ヴィラ ブランカ オーガニック エクストラバージンオリーブオイル」がおすすめ。まろやかな味わいが気に入っています。

◎**砂糖**

やさしい甘みと風味、こくが特徴のきび砂糖を使っています。上白糖に比べてミネラルを多く含み、味がまろやかです。

◎**塩**

粗塩を使用。ミネラルが豊富でうまみがあり、まるみのある味に仕上がります。味をととのえるときは岩塩も使用。「ゲランドの塩」などの自然海塩でもOK。精製塩はできれば避けてください。

◎しょうゆ

大量に使うわけではありませんが、だからこそできるだけ香りのよいものを。本書で使用したのは「フンドーキン 吉野杉樽天然醸造醤油」。吉野杉の木樽でじっくり発酵・熟成させて作った、豊かで華やかな香りが楽しめる濃口しょうゆです。好みの香りのものを探してみてください。

◎みりん

「角谷文治郎商店 三州三河みりん」の本みりんがお気に入り。きれのよい甘みが加わり、うまみとこくがぐっと深まります。本みりんはアルコール分が12～14％含まれているので、漬け汁を加熱しないレシピのときは電子レンジで加熱してアルコール分を飛ばしてください。大さじ1～2で30秒ほどが目安。みりんタイプ調味料は使いません。

◎酢

味つけや素材によって数種類を使い分けています。レシピに「酢」と書かれている場合は「村山造酢 千鳥酢」を使用。口あたりがまろやかなので子どもにもおすすめです。穀物酢は酸味が強いので、必ず米酢を選んでください。「マイユ 白ワインビネガー」は軽さとさわやかさを出したいときに、「内堀醸造 臨醐山黒酢」は味に深みを出したいときに使います。

◎みそ

塩分10％、米の甘みと麦のまろやかなうまみがバランスよくブレンドされた「山内本店 まぼろしの味噌 米麦あわせ」を使用しています。もちろん好みのもので構いませんが、塩分や味が異なるので、必ず味を確認してください。

おすすめの保存容器

レシピでは一応指定していますが、好みのものを使って構いません。ガラスやほうろうの容器でも保存期間が1週間未満の漬けものの場合は、煮沸消毒をする必要はありません。

◎ガラス製保存容器
中身がひと目でわかり、酸やアルカリに強く、においが移りません。耐熱性があり、しっかりと密閉できるタイプのものを選びましょう。ジャムなどのあき瓶を利用してもOK。

◎ほうろう製保存容器
鉄などで作られた容器の表面にガラス質をコーティングしたもの。耐熱性があり、酸や塩分に強く、においが移りづらいので、漬けものの保存にぴったり。シンプルなデザインですから、そのまま食卓に出せます。

◎ジッパーつき保存袋
冷蔵室の場所を取らず、少量の漬けものを作る際に便利。空気を抜いて密閉状態にすると漬かりが早くなり、空気に触れないぶん、傷みにくいという利点も。また、使い捨てなので洗う手間がありません。

Q&A

Q 漬けたらすぐに食べても大丈夫ですか？

A あえものっぽいものなら大丈夫です。

ナムルやマリネのようにあえものに近いものなら、味がすぐになじむので、食べても大丈夫です。たっぷりの漬け汁に漬けるようなものは、ゆっくり味が浸透するようにレシピを作っているので、レシピの表記時間に従ってください。ただし素材の状況にもよりますので、味見しておいしければ、食べてしまって結構です。

Q 漬けていて出てきた水分は取り除いたほうがよいですか？

A 取り除かないほうがよいです。

漬け汁に漬かったままのほうが、素材が空気に触れずにすみ、雑菌の繁殖を防げるからです。そのままにしておいてください。

Q 塩漬けの塩けが強くなりすぎてしまったときはどうすればよいですか？

A 塩抜きすれば大丈夫です。

少量の塩（水の1％程度）を入れた水に漬けて塩抜きすると、真水より早く塩が抜けます。これを「呼び塩」といいます。漬ける時間は10分ほどが目安。好みの塩加減になるまで、味見しつつ、様子をみながら漬けてください。漬け汁に戻すとまた塩っぱくなってしまうので、塩抜きしたら保存はせずに食べてください。

Q だし汁のおすすめはありますか？

A だしの素でもOK。できれば塩分のないものを。

だし汁は好みのものを使ってください。もちろんちゃんととってもよいですし、だしの素を使っても構いません。ただし塩分のあるものは味をみて、漬けものの塩けを調整してください。

Q 傷んでいるかどうかの目安はどこを見ればよいですか？

A まずはにおいをチェックしてください。

においを嗅いでみて、ツンとした鼻をつくような嫌なにおいがしたら、腐っている可能性がありますので、捨ててください。箸などで持ち上げたときに糸を引くような粘りや、色が茶色などに変わってしまっている場合も危険です。少しでもおかしいなと思ったら、食べないでください。

Q 野菜の状態がいまいちよくないときはどうすればよいですか？

A 葉野菜なら水にひたしてシャッキリさせてください。

新鮮な野菜を使うことがおいしい漬けものを作るポイントなのですが、たとえば葉野菜は、冷水にひたしておくと、シャキッとします。できれば1時間ほどおくとよいでしょう。

※保存について

・容器を使う場合、基本的には中性洗剤などで洗い、よく乾かした清潔なものであれば大丈夫です。ただし保存期間が1週間以上のものは煮沸消毒やアルコール消毒をしてから使用してください。

・プラスチック製保存容器は色やにおいが移ることがあります。

・材料はできるだけ新鮮なものを使うこと。しなびた野菜や消費期限間近の素材を使うと味の劣化が早まり、傷む原因にもなります。

・温かいものは必ず冷ましてから冷蔵室に入れましょう。雑菌の繁殖の原因になるだけでなく、冷蔵室の温度が上がり、ほかの食品にもダメージを与えることになります。

・漬けものを取り分ける際は必ず乾いた清潔な菜箸やスプーンなどを使います。残りは空気に触れる時間をできるだけ短くし、早めに冷蔵室に戻しましょう。

もくじ

肉

この本の決まり

- 材料の分量は正味量です。野菜、くだもの、赤唐辛子は、皮や種など、通常は不要とされる部分を取り除いてから計量、調理してください。皮をつけたまま使用する場合は明記してあります。
- レモン等の柑橘類はポストハーベスト農薬不使用のものを使ってください。
- 塩は粗塩、酢は米酢、砂糖はきび砂糖、みりんは本みりん、オリーブオイルはエクストラバージンオリーブオイルを使用しています。
- 電子レンジは600Wのものを使用しています。W数に応じて加熱時間を調整してください。フライパンはフッ素樹脂加工のものを使用しています。
- 大さじ1は15㎖、小さじ1は5㎖、ひとつまみは指3本でつまんだくらいの量です。
- 保存期間はあくまでも目安です。冷蔵室の環境や気候などで状態が変わりますので、食べるときによく確認してください。
- 材料は基本的に作りやすい分量です。主食材の分量に合わせて調整してください。

野菜

くだもの　きのこ

足が早い生野菜は、
余ったらとりあえず漬けましょう。
献立やお弁当の名脇役になってくれるはずです。
子どもでも食べやすい味つけにしています。

しそみそ

〈材料〉
青じそ…20枚
好みで白いりごま…適量
A
みそ…100g
みりん…大さじ2
砂糖…大さじ1と½

1 青じそはせん切りにする。みりんは電子レンジで30秒ほど加熱する。
2 ボウルにAを入れて混ぜ、青じそとごまを加えてあえる。

※すりおろしたにんにくやしょうが½かけ分を入れてもおいしい。

冷蔵 約**10**日

アスパラガス

アスパラガスのピクルス

〈材料〉
アスパラガス…10本
A
酢、水…各200mℓ
砂糖…大さじ4
塩…小さじ2/3
にんにく(薄切り)…1/2かけ分
赤唐辛子…1本
ローリエ…1枚

1 アスパラガスは根元に近いところの硬い皮をむく。塩少々(分量外)を入れた熱湯で2分ほどゆで、ざるに上げて水けをきり、長さ5㎝の斜め切りにする。

2 鍋にAを入れて中火で熱し、煮立ったら弱火にして1分ほど煮る。砂糖が完全に溶けたら保存容器に移し、アスパラガスを加えて冷ます。冷蔵室でひと晩おく。

冷蔵 約1週間

アスパラガスのだし浅漬け

〈材料〉
アスパラガス…10本
A
だし汁…200mℓ
しょうゆ…大さじ1
砂糖…小さじ2
塩…小さじ1/2
酢…大さじ2~3

1 アスパラガスは根元に近いところの硬い皮をむく。塩少々(分量外)を入れた熱湯で2分ほどゆでてざるに上げ、水けをきる。

2 鍋にAを入れて中火で熱し、煮立って砂糖が完全に溶けたら火を止める。粗熱がとれたら酢を加えて混ぜる。

3 ジッパーつき保存袋にアスパラガスと2を入れ、空気を抜いて口を閉じ、冷蔵室で3時間以上おく。

冷蔵 約4日

アボカド

アボカドのサルサ

〈材料〉
アボカド…大1個
きゅうり…1本
玉ねぎ…1/6個
香菜…1束

A
オリーブオイル…大さじ2
レモン果汁…大さじ1
白ワインビネガー（または酢）…大さじ1
塩…小さじ1/4
好みでタバスコ…適量

1 アボカドときゅうりは1.5cm角に切る。玉ねぎはみじん切りにして水に5分ほどさらし、水けを絞る。香菜の葉はざく切りに、茎はみじん切りにする。

2 ボウルに**A**を入れて混ぜ、**1**を加えてやさしくあえる。

※ゆでた枝豆やとうもろこし、生のトマトを合わせてもよい。

冷蔵 約**3**日

アボカドのレモンマスタードマリネ

〈材料〉
アボカド…大1個

A
粒マスタード…大さじ1
オリーブオイル…大さじ1
レモン果汁…小さじ2
塩…小さじ1/4
砂糖…ひとつまみ
にんにく（すりおろし）…少々

1 ボウルに**A**を入れて混ぜ、3cm角に切ったアボカドを加えてやさしくあえる。

※刺身用のサーモンやほたて貝柱、ゆで鶏、生ハムなどを合わせてもおいしい。

冷蔵 約**3**日

いちごとトマトのマリネ

〈材料〉

いちご…1パック（150g）
ミニトマト…12個
A
バルサミコ酢…大さじ2
オリーブオイル…小さじ2
はちみつ…小さじ2
粗びき黒こしょう…適量

1 いちごは縦半分に切る（大きいものは4つ割りにする）。ミニトマトは半分に切る。

2 ボウルに**A**を入れて混ぜ、**1**を加えてやさしくあえる。ラップをして冷蔵室で1時間以上おく。

※食べるときにミントの葉を添えると香りがよくなる。

冷蔵 約**3**日

いちごの白ワインマリネ

〈材料〉

いちご…1パック（150g）
ローズマリー…1枝
A
白ワイン…大さじ2
はちみつ…大さじ1
レモン果汁…小さじ2

1 いちごは縦半分に切る。ローズマリーは葉を摘む。

2 ボウルに**A**を入れて混ぜ、**1**を加えてやさしくあえる。

※ローズマリーはミントの葉やタイムに、白ワインはブランデーに、はちみつはきび砂糖やグラニュー糖に代えてもよい。水きりヨーグルトやバニラアイスクリームを添えるとデザートにもなる。

冷蔵 約**3**日

枝豆

枝豆のだし漬け

〈材料〉

枝豆（さやつき）…200g

しょうが…1かけ

昆布…3㎝四方1枚

A
- だし汁…200㎖
- 酒…小さじ2
- しょうゆ…小さじ2
- みりん…小さじ1
- 塩…小さじ1/3

1 枝豆は塩大さじ1（分量外）をふってもみ、塩をつけたまま熱湯で5分ほどゆでてざるに上げ、水けをきる。粗熱がとれたらさやから豆を取り出す。

2 しょうがはせん切りにする。昆布はキッチンばさみで細切りにする。

3 鍋にAと枝豆を入れて中火で熱し、煮立ったら火を止めて2を加える。保存容器に移して冷まし、冷蔵室で30分以上おく。

※冷凍の枝豆を解凍したものでも同様に作れる。

冷蔵 約**5**日

オクラときゅうりのナムル

〈材料〉

オクラ…8本
きゅうり…1本
みょうが…3〜4個
A
ごま油…大さじ1
白いりごま…小さじ2
しょうゆ…小さじ1
塩…小さじ1/3

1 オクラはがくをむき、塩適量(分量外)をふって転がし、うぶ毛を取る。塩をつけたまま熱湯で1分ほどゆでてざるに上げ、水けをきって厚さ5㎜の斜め切りにする。

2 きゅうりはせん切りにする。みょうがはせん切りにして水に5分ほどさらし、水けをきる。

3 ボウルに**A**を入れて混ぜ、オクラと**2**を加えてあえる。

※トマトや青じそを加えても合う。

冷蔵 約**3**日

オクラの1本漬け

〈材料〉

オクラ…8本
しょうが…1かけ
A
水…200㎖
塩…小さじ1
砂糖…小さじ1

1 オクラはがくをむき、塩適量(分量外)をふって転がし、うぶ毛を取る。塩をつけたまま熱湯で1分ほどゆでてざるに上げ、水けをきる。

2 しょうがはせん切りにする。**A**は混ぜ合わせる。

3 ジッパーつき保存袋に材料すべてを入れ、空気を抜いて口を閉じ、常温で1時間ほどおいてから冷蔵室に入れる。

冷蔵 約**5**日

柿とクミンのコンポート

〈材料〉
柿…2個
A
白ワイン…200㎖
水…50㎖
砂糖…30g
レモン果汁…小さじ2
クミンシード…小さじ1

1 柿は8等分のくし形切りにしてから長さを半分に切る。

2 鍋にAを入れて中火で熱し、煮立ったら弱火にして柿を加え、10分ほど煮てそのまま冷ます。保存容器に移し、冷蔵室で冷やす。

※クミンシードの代わりにシナモンスティックや八角、バニラビーンズでも可。

冷蔵 約3日

かぶの葉の野沢菜漬け風

〈材料〉

かぶの葉…4個分(240g)
赤唐辛子…1本
みりん…大さじ2
しょうゆ…大さじ2
酢…大さじ1

1 かぶの葉は塩大さじ½(分量外)をふってもみ、10分ほどおいてしんなりとしたら水で洗い、水けをしっかりと絞る。みりんは電子レンジで30秒ほど加熱する。

2 ジッパーつき保存袋に材料すべてを入れて軽くもみ込む。空気を抜いて口を閉じ、冷蔵室で半日以上おく。食べるときに汁けを絞り、食べやすい長さに切る。

冷蔵 約1週間

かぶと生ハムのイタリア風マリネ

〈材料〉

かぶ…2個(200g)
生ハム…5枚(40g)

A
オリーブオイル…小さじ2
レモン果汁…小さじ2
白ワインビネガー(または酢)…小さじ2
塩…小さじ¼〜

1 かぶは皮をむき、スライサーで輪切りにする。生ハムはひと口大に切る。

2 保存容器にAを入れて混ぜ、1を加えてあえる。冷蔵室で30分以上おく。

※生ハムによって塩分が違うので、塩の量は味をみて調整する。薄切りにした柿やりんご、梨などを加えてもおいしい。

冷蔵 約3日

かぶの簡単千枚漬け

〈材料〉

かぶ…5個(500g)

A
酢…40mℓ
砂糖…40g
塩…10g
昆布(細切り)…5cm四方1枚分
赤唐辛子(小口切り)…1本分
好みでゆずの皮(せん切り)…½個分

1 かぶは皮をむき、スライサーで輪切りにする。Aは混ぜ合わせる。

2 ジッパーつき保存袋に材料すべてを入れて軽くもみ込む。空気を抜いて口を閉じ、冷蔵室で半日以上おく。

冷蔵 約2週間

かぶの葉と梅干しのナムル

〈材料〉

かぶの葉…4個分(240g)

A
梅干し(果肉をたたく)…1〜2個分
白いりごま…大さじ1
ごま油…小さじ2
にんにく(すりおろし)…½かけ分
塩…小さじ⅓

1 ジッパーつき保存袋に長さ2cmに切ったかぶの葉とAを入れ、軽くもみ込む。

冷蔵 約5日

かぶ

かぶの葉の野沢菜漬け風

かぶと生ハムのイタリア風マリネ

かぶの葉と梅干しのナムル

かぶの簡単千枚漬け

かぼちゃ

かぼちゃとトマトの焼きびたし

かぼちゃのマリネ

かぼちゃとトマトの焼きびたし

〈材料〉
かぼちゃ…200g
ミニトマト…10個
A
- だし汁…200mℓ
- 酒…大さじ2
- しょうゆ、みりん…各大さじ1
- 塩…小さじ1/4

ごま油…大さじ1

1 かぼちゃはところどころ皮をむき、厚さ1.5㎝に切る。

2 フライパンにごま油を中火で熱し、かぼちゃの両面を焼く。焼き色がついたらミニトマトを加えて5分ほど焼き、全体に火が通ったら保存容器に移す。

3 フライパンに**A**を入れて中火で熱し、ひと煮立ちしたら**2**の保存容器に加えて冷ます。

冷蔵 約**5**日

かぼちゃのマリネ

〈材料〉
かぼちゃ…300g
玉ねぎ…1個
A
- 塩…小さじ1/3
- 粗びき黒こしょう…適量

白ワインビネガー…大さじ2
砂糖…大さじ1
オリーブオイル…大さじ3

1 かぼちゃはところどころ皮をむき、厚さ5㎜に切る。玉ねぎは薄切りにする。

2 フライパンにオリーブオイルを中火で熱し、玉ねぎを炒める。透き通ってきたらかぼちゃと**A**を加えて炒め、砂糖と水50mℓ(分量外)を加えてふたをし、10分ほど蒸し煮にする。

3 水けを飛ばし、火を止めて白ワインビネガーを加えて混ぜ、保存容器に移して冷ます。

冷蔵 約**5**日

カリフラワー

カリフラワーのハニーマスタードマリネ

カリフラワーのピクルス

カリフラワーのハニーマスタードマリネ

〈材料〉

カリフラワー…½株

A
- オリーブオイル…大さじ1
- 粒マスタード…小さじ2
- はちみつ…小さじ2
- 塩…小さじ¼
- 粗びき黒こしょう…適量

1 カリフラワーは小房に分ける。酢小さじ2（分量外）を入れた熱湯で2分ほどゆでてざるに上げ、水けをきる。

2 ボウルにAを入れて混ぜ、カリフラワーを加えてあえる。

※ゆでるときに酢を加えるとカリフラワーの変色が防げる。

冷蔵 約4日

カリフラワーのピクルス

〈材料〉

カリフラワー…½株

A
- 酢…200mℓ
- 水…200mℓ
- 砂糖…大さじ4
- にんにく（薄切り）…½かけ分
- 塩…小さじ⅓
- ローリエ…1枚
- 赤唐辛子…1本

1 カリフラワーは小房に分ける。酢小さじ2（分量外）を入れた熱湯で2分ほどゆでてざるに上げ、水けをきる。

2 鍋にAを入れて中火で熱し、煮立ったら弱火にして1分ほど煮る。砂糖が完全に溶けたら保存容器に移し、カリフラワーを加えて冷ます。冷蔵室でひと晩おく。

冷蔵 約1週間

えのきたけときゅうりのナムル

〈材料〉

えのきたけ…大1袋（160g）
きゅうり…1本
にんにく…1かけ
塩…小さじ½
サラダ油…大さじ1
ごま油…小さじ2

1 えのきたけは長さを半分に切ってほぐす。きゅうりは厚さ3㎜の輪切りにする。にんにくはすりおろす。

2 フライパンにサラダ油を中火で熱し、えのきたけを炒める。しんなりとしたらきゅうりを加え、全体に油が回ったらにんにくと塩を加えて炒め合わせる。

3 水けが飛び、粘りけが出たら火を止め、ごま油を回しかける。保存容器に移して冷ます。

冷蔵 約4日

まいたけの塩漬け

〈材料〉

まいたけ…3パック（300g）
塩…小さじ1

1 まいたけはほぐす。熱湯で1分ほどゆでてざるに上げ、水けを軽くきる。熱いうちに保存容器に入れて塩をふって混ぜ、そのまま冷ます。水分が出てきたら冷蔵室でひと晩おく。

※輪切りにしたレモンやすだち、ゆずを添えると香りがよい。粉山椒をふったり、黒酢をかけたりしても合う。

冷蔵 約5日

きのこのなめたけ風

〈材料〉

えのきたけ…1袋（100g）
しめじ…1パック（100g）
まいたけ…1パック（100g）
しいたけ…4枚
A 酒…150㎖
　みりん…65㎖
　昆布…5㎝四方1枚
しょうゆ…大さじ3

1 えのきたけは長さを3等分に切ってほぐす。しめじとまいたけはほぐす。しいたけは薄切りにする。

2 鍋にAを入れて中火で熱し、煮立ってきたら、きのことしょうゆを加える。きのこがしんなりとしたら弱めの中火にし、さらに15分ほど煮る。少し照りが出るまで汁けを飛ばし、火を止めてそのまま冷ます。

※きのこは好みのものを組み合わせてもよい。

冷蔵 約1週間

きのこ

えのきたけと
きゅうりのナムル

まいたけの塩漬け

きのこの
なめたけ風

きのこのイタリア風マリネ

〈材料〉
好みのきのこ
（しめじ、まいたけ、マッシュルームなど）
…合計400g
にんにく…2かけ
塩…小さじ⅔
オリーブオイル…大さじ3

1 きのこは食べやすい大きさにする。にんにくはつぶす。

2 フライパンにオリーブオイルとにんにくを入れて弱火で熱し、香りが立ったらきのこと塩を加えて10分ほど炒める。しんなりとしたら保存容器に移して冷ます。

※みじん切りにしたアンチョビー（フィレ）2枚分を加えても合う。その際は塩の量を控えめにする。赤唐辛子1本や輪切りにしたレモン2～3枚を加えてもおいしい。

冷蔵 約1週間

きのこのパスタ

〈材料〉2人分

「きのこのイタリア風マリネ」
…200g
スパゲッティ…160g
青じそ（せん切り）…10枚分
オリーブオイル…大さじ1

1 鍋にたっぷりの湯を沸かして塩適量（分量外）を入れ、スパゲッティをパッケージの表示時間どおりにゆでてざるに上げ、水けをきる。

2 フライパンにオリーブオイルと「きのこのイタリア風マリネ」を入れて中火で熱し、スパゲッティを加えてさっと炒める。器に盛り、青じそをのせる。

※パスタをゆでる際は湯2ℓに対して塩20gが目安。

きのこのディップ

〈材料〉2人分

「きのこのイタリア風マリネ」
…200g
クリームチーズ（常温にもどす）
…40g
塩…適量
粗びき黒こしょう…適量

1 ボウルに「きのこのイタリア風マリネ」とクリームチーズを入れ、ハンディブレンダーでなめらかになるまで攪拌し、塩と粗びき黒こしょうで味をととのえる。

※バゲットにつけたり、パスタソースにしたりするのがおすすめ。アンチョビー（フィレ）1～2枚を加えると味に深みが出る。

キャベツの酢じょうゆ漬け

〈材料〉

キャベツ…葉4枚(200g)

A
- 酢…大さじ2
- しょうゆ…大さじ1と½
- 砂糖…小さじ2

1 キャベツは5㎝四方にちぎる。**A**は混ぜ合わせる。

2 ジッパーつき保存袋に材料すべてを入れ、キャベツが少ししんなりとするまでもみ込む。空気を抜いて口を閉じ、平らにしてバットにのせ、重しをして★冷蔵室で1時間ほどおく。

※食べるときにしらす干しや削り節であえるのもよい。

冷蔵 約**5**日

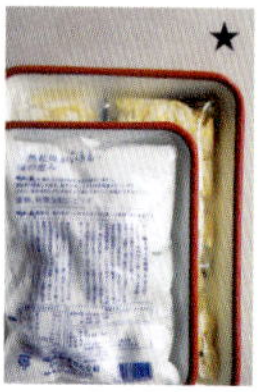
★

コールスロー

〈材料〉

キャベツ…葉4枚(200g)

塩…4g(キャベツの重量の2%)

にんじん…⅓本(50g)

セロリ…1本

A
- 酢…大さじ1~2
- オリーブオイル…大さじ1
- マヨネーズ…大さじ1
- 砂糖…小さじ1
- 粗びき黒こしょう…適量

1 キャベツはせん切りにして塩をふり、10分ほどおいて水分が出てきたら水けをしっかりと絞る。にんじんはせん切りにする。セロリは厚さ2㎜の斜め切りにする。

2 ボウルに**A**を入れて混ぜ、**1**を加えてあえる。

※セロリは玉ねぎで代用可。せん切りにしたハムやゆでたとうもろこしを合わせても相性がよい。

冷蔵 約**3**日

キャベツのオイル漬け

〈材料〉

キャベツ…¼個

にんにく…1~2かけ

塩…小さじ¼

オリーブオイル…大さじ3

1 キャベツは芯をつけたまま4等分のくし形切りにする。にんにくはつぶす。

2 厚手の鍋に**1**を入れて塩をふり、オリーブオイルと水大さじ4(分量外)を回し入れる。中火で熱し、煮立ったら弱火にしてキャベツがくたくたになるまで20分ほど煮る。保存する場合はそのまま冷ます。

※オリーブオイルをごま油にし、最後にしょうゆ少々を加えると和風になる。冷蔵保存していたものを食べるときは鍋や電子レンジで温める。

冷蔵 約**5**日

キャベツのごまあえ

〈材料〉

キャベツ…葉5枚(250g)

A
- 白すりごま…大さじ3
- しょうゆ…大さじ1
- 砂糖…大さじ1
- 酢…小さじ2

1 キャベツは4㎝四方に切る。塩少々(分量外)を入れた熱湯で30秒ほどゆでてざるに上げ、粗熱がとれたら水けをしっかりと絞る。

2 ボウルに**A**を入れて混ぜ、キャベツを加えてあえる。

※ゆでたほうれん草やにんじん、さやいんげん、生のトマトで作っても美味。

冷蔵 約**3**日

キャベツ

キャベツの酢じょうゆ漬け

コールスロー

キャベツのオイル漬け

キャベツのごまあえ

せん切りキャベツの塩漬け

〈材料〉
キャベツ…葉8枚（400g）
塩…8g（キャベツの重量の2%）

1 キャベツはせん切りにし、塩をふって軽くもみ、そのままジッパーつき保存袋に入れる。空気を抜いて口を閉じ、冷蔵室で1時間以上おく。食べるときは水けを軽く絞る。

※ローリエとキャラウェイシードをいっしょに漬けるとザワークラウトに。1週間以上おくと発酵が始まり、本格的な酸味と香りが楽しめる。塩の量を重量の1%（4g）にするとサラダ感覚でたくさん食べられる。その場合の保存期間は冷蔵で約1週間。

冷蔵 約**2**週間

「せん切りキャベツの塩漬け」アレンジ①

簡単シュークルート風

〈材料〉2〜3人分
「せん切りキャベツの塩漬け」…300g
ベーコン(ブロック)…100g
ウインナソーセージ…4本
玉ねぎ…1個
じゃがいも(メークイン)…2個
にんにく…1かけ
ローリエ…1枚
白ワイン…150㎖
塩、粗びき黒こしょう…各適量
オリーブオイル…大さじ1

1 「せん切りキャベツの塩漬け」は水けを軽く絞る。ベーコンは長さ3㎝に切る。玉ねぎは幅2㎝のくし形切りにする。じゃがいもは4等分に切って水に5分ほどさらし、水けをきる。にんにくはつぶす。

2 厚手の鍋にオリーブオイル、にんにく、ベーコンを入れて中火で熱し、香りが立ってきたら「せん切りキャベツの塩漬け」と玉ねぎを加えて炒める。玉ねぎがしんなりとしてきたらローリエ、白ワイン、ひたひたの水(分量外)を加える。

3 煮立ったら弱火にしてふたをし、30分ほど煮る。ソーセージとじゃがいもを加えて15分ほど煮て、塩と粗びき黒こしょうで味をととのえる。

※フランス・アルザス地方の郷土料理「シュークルート」を手軽に作れるようにアレンジした。食べるときに粒マスタードを添えても。

「せん切りキャベツの塩漬け」アレンジ②

フリッタータ

〈材料〉直径18〜20㎝のフライパン1枚分
「せん切りキャベツの塩漬け」…100g
A
- 卵…4個
- パルメザンチーズ(すりおろし)…大さじ2
- 牛乳…大さじ2
- 粗びき黒こしょう…適量

オリーブオイル…大さじ1

1 ボウルにAを入れてよく混ぜ、水けを軽く絞った「せん切りキャベツの塩漬け」を加えて混ぜ合わせる。

2 直径18〜20㎝のフライパンにオリーブオイルを中火で熱し、1を流し入れてふたをし、弱火にして8分ほど蒸し焼きにする。8割方火が通ったらふたを取り、フライパンよりもひと回り大きい平らな皿をかぶせてフライパンごと返し、フリッタータをすべらせるように戻し入れる。ふたをせずにさらに3分ほど焼く。

※「フリッタータ」はイタリア風のオムレツ。ミニトマトやツナ、ハムを入れても合う。

きゅうりのビール漬け

〈材料〉
きゅうり、にんじん、大根…合計500g

A
- ビール…150mℓ
- 砂糖…50g
- 塩…20g
- 粉辛子…2g〜
（または練り辛子小さじ1）

1 きゅうりは厚さ5㎜の斜め切りにする。にんじんは皮つきのまま厚さ5㎜の斜め切りにする。大根は厚さ5㎜のいちょう切りにする。**A**は混ぜ合わせる。

2 ジッパーつき保存袋に材料すべてを入れて軽くもみ込む。空気を抜いて口を閉じ、冷蔵室でひと晩おく。

※野菜は1種類でも可。にんじんは好みで皮をむいても。

冷蔵 約**1**週間

きゅうりのラー油漬け

〈材料〉
きゅうり…2本

A
- しょうゆ…大さじ1
- 砂糖…大さじ½
- 白いりごま…小さじ1
- ラー油…小さじ½

1 きゅうりはすりこ木でたたき、手で食べやすい大きさに割る。**A**は混ぜ合わせる。

2 ジッパーつき保存袋に材料すべてを入れて軽くもみ込む。空気を抜いて口を閉じ、冷蔵室で3時間以上おく。

冷蔵 約**5**日

きゅうりの1本漬け

〈材料〉
きゅうり…4本
赤唐辛子…1本
昆布…5㎝四方1枚
A［水…400㎖
　塩…大さじ1

1 きゅうりは塩適量（分量外）をふって転がし、水で洗って両端を切り落とす。Aは混ぜ合わせる。

2 ジッパーつき保存袋に材料すべてを入れる。空気を抜いて口を閉じ、冷蔵室でひと晩おく。食べるときにきゅうりを食べやすい長さに切る。

冷蔵 約1週間

オイキムチ風

〈材料〉

きゅうり…4本
にんじん…1/3本（50g）
大根…5cm
長ねぎ…1本
しょうが…大1かけ

A
昆布のだし汁…200mℓ
甘酒（3倍濃縮）…大さじ1
ナンプラー…大さじ1
酢…大さじ1
にんにく（すりおろし）…1かけ分
塩…小さじ1/2

1 きゅうりは両端を2cm残して縦に1本深い切り込みを入れ、塩小さじ4（分量外）をまぶして1時間ほどおく。しんなりとしたら水で洗い、水けをしっかりと拭く。

2 にんじん、大根、長ねぎ、しょうがはせん切りにする。

3 鍋にAを入れて中火で熱し、煮立ったら火を止め、2を加えてそのまま冷ます。

4 きゅうりの切り込みに3の野菜を等分に詰める。バットに並べて3の残った調味液をかけ、ラップをして冷蔵室（冬は常温）で1日以上おく。食べるときに食べやすい長さに切る。

※甘酒がなければ、砂糖大さじ1＋すりつぶしたご飯大さじ1で代用可。好みで粉唐辛子少々を加えてもよい。

冷蔵 約1週間

水キムチ

〈材料〉

きゅうり…2本（200g）
セロリ…1本（100g）
大根…¼本（250g）
りんご（または梨）…½個（130g）
しょうが…1かけ（15g）
にんにく…2かけ（10g）
塩…21g（野菜の総重量の3%）
赤唐辛子…2本
米のとぎ汁…適量

1 きゅうりは乱切りにする。セロリは筋を取り、厚さ8㎜の斜め切りにする。大根は厚さ8㎜のいちょう切りにする。りんごは皮つきのまま厚さ8㎜のいちょう切りにする。しょうがは薄切りにする。にんにくは縦半分に切る。

2 ボウルに**1**と赤唐辛子を入れ、塩をふって全体にまぶす。保存瓶に移し、米のとぎ汁をかぶるくらいになるまで注ぐ。常温で半日〜1日（冬は暖房を利かせた暖かい部屋で1〜2日）おき、少し酸味が出たら冷蔵室に入れる。

※野菜は1種類でも可。白菜やミニトマト、パプリカ、にらなどを組み合わせてもOK。

冷蔵 約**2**週間

ゴーヤー

ゴーヤーのカレー漬け

ゴーヤーとレモンのピクルス

ゴーヤーのカレー漬け

〈材料〉

ゴーヤー…1本（250g）

A
- 砂糖…大さじ3
- 酢…大さじ2
- カレー粉…小さじ1
- 塩…小さじ⅓

1 ゴーヤーは縦半分に切ってから幅5㎜に切る。塩小さじ1（分量外）をふってもみ、そのまま熱湯で1分ほどゆでて水けをきる。**A**は混ぜ合わせる。

2 ジッパーつき保存袋に材料すべてを入れて軽くもみ込む。空気を抜いて口を閉じ、冷蔵室で2時間以上おく。

冷蔵 約**5**日

ゴーヤーとレモンのピクルス

〈材料〉

ゴーヤー…1本（250g）

レモン…½個

A
- 酢、水…各150㎖
- 砂糖…大さじ2
- クミンシード…小さじ1
- 塩…小さじ⅓
- 赤唐辛子…1本
- ローリエ…1枚

1 ゴーヤーは縦半分に切ってから幅1㎝に切る。塩小さじ1（分量外）をふってもみ、そのまま熱湯で1分30秒ほどゆでて水けをきる。レモンは薄い輪切りにする。

2 鍋に**A**を入れて中火で熱し、煮立ったら弱火にして1分ほど煮る。砂糖が完全に溶けたら保存容器に移し、**1**を加えて冷ます。冷蔵室でひと晩おく。

冷蔵 約**1**週間

ごぼうの南蛮漬け風

ごぼうのみそ漬け

ごぼうの南蛮漬け風

〈材料〉

ごぼう…1本（150g）
れんこん…小1節（150g）
A
だし汁…100㎖
しょうゆ、酢、みりん…各大さじ2
砂糖…大さじ1
赤唐辛子…1本
片栗粉…適量
サラダ油…大さじ3

1 ごぼうは厚さ8㎜の斜め切りにする。れんこんは皮つきのまま長さ4㎝の棒状に切る。合わせて水に5分ほどさらし、水けを拭いて片栗粉を薄くまぶす。

2 フライパンにサラダ油を中火で熱し、**1**を焼いて油をきる。

3 鍋に**A**を入れて中火で熱し、煮立って砂糖が完全に溶けたら保存容器に移す。**2**を熱いうちに加えて冷ます。

冷蔵 約**3**日

ごぼうのみそ漬け

〈材料〉

ごぼう…1本（150g）
A
みそ…50g
みりん…大さじ1
砂糖…大さじ½

1 ごぼうは長さ5㎝に切る。みりんは電子レンジで30秒ほど加熱する。**A**は混ぜ合わせる。

2 ジッパーつき保存袋に材料すべてを入れて軽くもみ込む。空気を抜いて口を閉じ、冷蔵室でひと晩おく。食べるときはみそを落とし、2～4つ割りにする。

※にんじんやきゅうり、大根、長いもなど、季節の野菜で楽しめる。日に日に味が濃くなるので長期間楽しみたい場合は長く切って漬けるとよい。好みの塩分になったところでみそを落としても構わない。

冷蔵 約**10**日

小松菜の辛子漬け

〈材料〉

小松菜…½束（150g）

A
- みりん…大さじ2
- しょうゆ…大さじ2
- 練り辛子…小さじ½

1 小松菜は長さ3㎝に切る。みりんは電子レンジで30秒ほど加熱する。**A**は混ぜ合わせる。

2 ジッパーつき保存袋に材料すべてを入れて軽くもみ込む。空気を抜いて口を閉じ、常温で1時間ほどおいてから冷蔵室に入れる。

冷蔵 約**3**日

小松菜とわかめのナムル

〈材料〉

小松菜…½束（150g）

カットわかめ（乾燥）…4g

A
- しょうゆ…小さじ1
- ごま油…小さじ2
- 白いりごま…小さじ2
- にんにく（すりおろし）…½かけ分
- 塩…ひとつまみ

1 小松菜は熱湯で1分ほどゆでて冷水にとって冷まし、水けをしっかりと絞って長さ1㎝に切る。わかめは水に5分ほどつけて戻し、水けを絞る。

2 ボウルに**A**を入れて混ぜ、**1**を加えてあえる。

※小松菜の代わりにほうれん草や青梗菜でも作れる。カットわかめの塩気に合わせて塩の量は調整を。

冷蔵 約**3**日

さつまいものピクルス

〈材料〉
さつまいも…1本(260g)
A
酢…200mℓ
水…200mℓ
砂糖…大さじ4
塩…小さじ⅓
ローリエ…1枚
黒こしょう(粒)…適量

1 さつまいもは皮つきのまま厚さ1cmの輪切りにする。塩少々(分量外)を入れた熱湯で竹串がすっと通るようになるまでゆで、ざるに上げて水けをきる。

2 鍋にAを入れて中火で熱し、煮立ったら弱火にして1分ほど煮る。砂糖が完全に溶けたら保存容器に移し、さつまいもを加えて冷ます。冷蔵室でひと晩おく。

冷蔵 約1週間

さやいんげん

さやいんげんのオイル漬け

〈材料〉
さやいんげん…200g
にんにく…1かけ
塩…小さじ⅓
オリーブオイル…大さじ3

1 さやいんげんは両端を切り落とす。にんにくはつぶす。

2 圧手の鍋に材料すべてと水大さじ3（分量外）を入れ、ふたをして中火で熱し、煮立ったら弱火にして20分ほど煮る。さやいんげんがくたくたになったら火を止め、そのまま冷ます。

※途中で様子を見て、水分が少ない場合は水適量をたす。塩の代わりにケーパー（塩漬け）を使ってもおいしい。ブロッコリーやカリフラワーでも同様に作れ、パスタソースにしても合う。

冷蔵 約3日

さやいんげんのゆずこしょう漬け

〈材料〉
さやいんげん…200g
A だし汁…200㎖
　酒、しょうゆ…各小さじ1
　塩…小さじ½
ゆずこしょう…小さじ½

1 鍋にAを入れて中火で熱し、煮立ったら弱火にして3分ほど煮る。火を止め、粗熱がとれたらゆずこしょうを加えて混ぜる。

2 さやいんげんは両端を切り落とす。塩少々（分量外）を入れた熱湯で3分ほどゆでてざるに上げ、水けをきる。

3 保存容器にさやいんげん、**1**の順に入れて冷まし、冷蔵室で3時間ほどおく。食べるときに食べやすい長さに切る。

冷蔵 約3日

しし唐辛子

しし唐辛子のオイル漬け

しし唐辛子の焼きびたし

しし唐辛子のオイル漬け

〈材料〉
しし唐辛子…20本
にんにく…2かけ
オリーブオイル…適量

1 しし唐辛子は包丁の刃先で1か所ずつ穴をあける。にんにくはつぶす。

2 厚手の鍋に**1**を入れ、オリーブオイルをしし唐辛子が⅓量ほどひたるまで注いで弱火で熱し、20分ほど煮る。にんにくがほろほろになったら火を止め、そのまま冷ます。

※香りをつけたい場合は赤唐辛子1本や好みのハーブ適量を加えるとよい。パプリカやなすでも同様に作れる。バゲットにのせたり、パスタにからめたりするのもおすすめ。

冷蔵 約**2**週間

しし唐辛子の焼きびたし

〈材料〉
しし唐辛子…15～20本
A だし汁…100mℓ
　みりん…大さじ1
　しょうゆ…大さじ1
サラダ油…大さじ1

1 しし唐辛子は包丁の刃先で1か所ずつ穴をあける。みりんは電子レンジで30秒ほど加熱する。保存容器に**A**を入れて混ぜる。

2 フライパンにサラダ油を中火で熱し、しし唐辛子を2～3分焼く。しんなりとしたら**1**の保存容器に加えて冷ます。

※**A**に酢小さじ1を加えるとさっぱりとした仕上がりに。

冷蔵 約**3**日

せん切りじゃがいもとハムの甘酢漬け

〈材料〉

じゃがいも（メークイン）…3個

ハム…3枚

昆布…3cm四方1枚

A
- 水…100mℓ
- 酢…50mℓ
- 砂糖…大さじ2
- 塩…小さじ1/3

1 じゃがいもは細めのせん切りにする。熱湯で2分ほどゆでて水にとって冷まし、水けをしっかりときる。ハムは半分に切ってから細切りにする。

2 ボウルにAを入れて混ぜ、1を加えてあえる。保存容器に移して昆布を加え、冷蔵室で1時間以上おく。

※じゃがいもは食感が楽しめるメークインがおすすめ。あればせん切り用スライサーを使うとよい。好みでせん切りにしたしょうが1かけ分や赤唐辛子1本を加えても。

冷蔵 約4日

香菜

香菜と長ねぎのオイルあえ

〈材料〉
香菜…50g
長ねぎ…1本
しょうが…1かけ
好みでクミンシード…小さじ½
塩…小さじ¼
粗びき黒こしょう…適量
サラダ油…大さじ4

1 香菜はざく切りにする。長ねぎは粗みじん切りにする。しょうがはみじん切りにする。

2 フライパンにサラダ油を弱火で熱し、長ねぎ、しょうが、塩を入れてじっくりと炒める。長ねぎが透き通ってきたらクミンシードと粗びき黒こしょうを加えて軽く混ぜ、保存容器に移して粗熱をとる。香菜を加えてあえる。

※冷ややっこや蒸し鶏によく合う。

冷蔵 約3日

しょうが

しょうがの甘酢漬け

〈材料〉
しょうが…200g
A
酢…大さじ3
砂糖…大さじ2
塩…小さじ½

1 しょうがは皮つきのままスライサーで薄切りにして水に5分ほどさらし、水けをきる。熱湯で2分ほどゆでてざるに上げ、粗熱がとれたら水けをしっかりと絞る。Aは混ぜ合わせる。

2 保存容器に材料すべてを入れ、冷蔵室でひと晩おく。

※皮は好みでむいてもよい。包丁で切る場合はできるだけ薄く切る。新しょうがを使うときはゆでなくてもよい。

冷蔵 約1か月

しょうがを長期保存する方法

・日本酒に漬けておくとしょうがはぐんと長もちします。しょうがの切り方は薄切りやせん切りでもOK。通常の料理にそのまま使えますし、薬味としても優秀。ご飯にのせてもおいしいです。

・漬け汁の日本酒は料理に使うと仕上がりの風味がよくなります。

・途中でしょうがをたしても構いませんが、その際は日本酒もたして常にひたっている状態にしてください。

◎しょうがの日本酒漬け

〈材料〉
しょうが…200g
日本酒(または焼酎)…適量

1 保存瓶にみじん切りにしたしょうがを入れ、日本酒をかぶるくらいになるまで注ぐ。使うときは汁けをきる。

冷蔵 約2か月

ズッキーニ

ズッキーニのナムル
ズッキーニのレモンオイルあえ

ズッキーニのナムル

〈材料〉
ズッキーニ…大1本(250g)
あれば糸唐辛子…適量
A
白すりごま…大さじ1
ごま油…大さじ1
にんにく(すりおろし)…½かけ分
塩…小さじ½

1 ズッキーニは厚さ3㎜の輪切りにし、塩小さじ½(分量外)をふって10分ほどおく。水分が出てきたら水けをしっかりと絞る。

2 ボウルにAを入れて混ぜ、ズッキーニを加えてあえる。食べるときに糸唐辛子をのせる。

冷蔵 約**3**日

ズッキーニのレモンオイルあえ

〈材料〉
ズッキーニ…大1本(250g)
好みでレモンの皮…適量
好みでパルメザンチーズ…適量
A
レモンの皮(すりおろし)…½個分
オリーブオイル…大さじ2
岩塩(または粗塩)…適量

1 ズッキーニはピーラーで縦に細長い薄切りにする。塩少々(分量外)を入れた熱湯で30秒ほどゆでてざるに上げ、水けをしっかりときる。

2 ボウルにAを入れて混ぜ、ズッキーニを加えてあえ、岩塩で味をととのえる。食べるときにレモンの皮とパルメザンチーズをすりおろしながらかける。

※ディルを添えると香りがよい。刺身用の鯛やサーモン、ほたて貝柱を組み合わせても。

冷蔵 約**3**日

セロリのオイル漬け

〈材料〉
セロリ…1本
玉ねぎ…1/4個
A
オリーブオイル…大さじ4
白ワインビネガー（または酢）…大さじ3
みりん…大さじ1
レモン果汁…大さじ1
粒マスタード…小さじ1
にんにく（すりおろし）…1かけ分
塩…小さじ1/2

1 セロリは筋を取り、みじん切りにする。玉ねぎはみじん切りにして水に5分ほどさらし、水けを絞る。みりんは電子レンジで30秒ほど加熱する。Aは混ぜ合わせる。

2 保存瓶に材料すべてを入れ、冷蔵室で30分以上おく。

冷蔵 約5日

セロリのヨーグルトみそ漬け

〈材料〉
セロリ…1本
A
みそ…80g
プレーンヨーグルト（無糖）…50g

1 セロリは筋を取り、厚さ1㎝の斜め切りにする。Aは混ぜ合わせる。

2 ジッパーつき保存袋に材料すべてを入れて軽くもみ込む。空気を抜いて口を閉じ、冷蔵室で3時間以上おく。

冷蔵 約3日

※好みで3㎝四方の昆布1枚を加えると味の深みが増す。セロリの代わりにきゅうりやにんじん、大根などでもOK。

「セロリのオイル漬け」アレンジ①

「セロリのオイル漬け」アレンジ②

トマトのサラダ

〈材料〉 2人分
「セロリのオイル漬け」…大さじ5
トマト…1個

1 器に厚さ8㎜の輪切りにしたトマトを盛り、「セロリのオイル漬け」をかける。

サーモンのカルパッチョ

〈材料〉 2人分
「セロリのオイル漬け」…大さじ3
サーモン（刺身用・薄切り）…100g

1 ボウルに「セロリのオイル漬け」とサーモンを入れてあえる。

大根の即席甘酒べったら漬け

〈材料〉

大根…½本（500g）

塩…18g（大根の重量の3.5％）

A
- 甘酒（3倍濃縮）…150g
- 昆布（細切り）…5㎝四方1枚分
- ゆずの皮（せん切り）…½個分
- 赤唐辛子…1本

1 大根は厚さ5㎜の半月切りにし、塩をふって軽くもみ、そのままジッパーつき保存袋に入れる。空気を抜いて口を閉じ、平らにしてバットにのせ、重しをして（P28参照）冷蔵室で2時間ほどおく。水分が出たらさっと水で洗い、水けをしっかりと絞って袋に戻す。

大根葉の即席わさび漬け

〈材料〉

大根の葉…1本分（125g）

塩…3g（大根の葉の重量の2％）

練りわさび…小さじ½

1 大根の葉は長さ1㎝に切る。

2 ジッパーつき保存袋に材料すべてを入れてしっかりともみ込む。空気を抜いて口を閉じ、冷蔵室で1時間以上おく。

※好みでせん切りにしたゆずの皮少々を入れると香りがよくなる。練りわさびはゆずこしょうや練り辛子、赤唐辛子にしてもOK。

冷蔵 約4日

大根ときゅうりの中華風ピクルス

〈材料〉

大根…¼本（250g）

きゅうり…1本

しょうが（薄切り）…½かけ分

赤唐辛子…1本

白いりごま…小さじ2

好みで八角…1個

A
- 水…200㎖
- 砂糖…大さじ3
- しょうゆ…大さじ2

黒酢…100㎖

1 大根ときゅうりは長さ5㎝の拍子木切りにし、塩小さじ1（分量外）をふって10分ほどおく。水で洗い、水けをしっかりと絞る。

2 鍋に**A**を入れて中火で熱し、砂糖が完全に溶けたら火を止める。粗熱がとれたら黒酢を加える。

大根とにんじんのエスニック風なます

〈材料〉

大根…¼本（250g）

にんじん…大1本（200g）

A
- 水…100㎖
- 砂糖…大さじ2
- 酢…大さじ2
- ナンプラー…大さじ2
- にんにく（みじん切り）…1かけ分
- しょうが（せん切り）…½かけ分
- 赤唐辛子（小口切り）…1本分

1 大根とにんじんは細切りにし、塩小さじ1（分量外）をふって10分ほどおく。水分が出てきたら水で洗い、水けをしっかりと絞る。

2 ボウルに**A**を入れて混ぜ、**1**を加えてあえる。ラップ

大根の即席甘酒べったら漬け

大根葉の即席わさび漬け

大根ときゅうりの中華風ピクルス

大根とにんじんのエスニック風なます

2 Aを加えて軽くもみ込み、空気を抜いて口を閉じ、冷蔵室でひと晩おく。

冷蔵 約1週間

3 ジッパーつき保存袋に材料すべてを入れて軽くもみ込む。空気を抜いて口を閉じ、冷蔵室で1時間以上おく。

冷蔵 約4日

をして冷蔵室で30分以上おく。

冷蔵 約4日

塩もみ大根

〈材料〉
大根…¼本（250g）
塩…5g（大根の重量の2％）

1　大根は厚さ5㎜のいちょう切りにし、塩をふって軽くもみ、そのままジッパーつき保存袋に入れる。空気を抜いて口を閉じ、冷蔵室で1時間ほどおく。食べるときは水けを軽く絞る。

※切り方は用途に合わせてせん切りや半月切りなどでもよい。ごま油とあえるだけでも副菜に。ツナやハムを加え、ポン酢しょうゆや黒酢、マヨネーズであえるとサラダになる。

冷蔵　約**5**日

大根と豚肉のスープ

〈材料〉4人分

「塩もみ大根」…150g
豚バラ薄切り肉…100g
A
水…500mℓ
酒…大さじ2
昆布…3cm四方1枚
しょうが（せん切り）…1かけ分
塩…適量

1 「塩もみ大根」は水けを軽く絞る。豚肉は食べやすい長さに切る。

2 鍋にAと「塩もみ大根」を入れて中火で熱し、煮立ったら昆布を取り出して弱火にし、5分ほど煮る。豚肉を加えてあくが出たら取り、全体に火が通るまで煮て塩で味をととのえる。

大根とベーコンの炒めもの

〈材料〉2人分

「塩もみ大根」…200g
ベーコン（薄切り）…2枚
粗びき黒こしょう…適量
オリーブオイル…小さじ2

1 「塩もみ大根」は水けを軽く絞る。ベーコンは幅1cmに切る。

2 フライパンにオリーブオイルとベーコンを入れて中火で熱し、ベーコンの脂が透き通ってきたら「塩もみ大根」を加えて炒め合わせる。全体に油が回ったら粗びき黒こしょうをふる。

玉ねぎの甘酢漬け

〈材料〉
玉ねぎ…大1個
白いりごま…大さじ1
A
砂糖…大さじ2
みりん…大さじ2
酒…大さじ2
しょうゆ…大さじ3
酢…大さじ2

1 鍋に幅2㎝のくし形切りにした玉ねぎと**A**を入れて中火で熱し、煮立ったら弱火にして1分ほど煮る。砂糖が完全に溶けたら火を止め、粗熱がとれたらしょうゆ、酢、ごまを加えて混ぜる。

2 保存容器に**1**を移し、冷蔵室で3時間以上おく。

※白菜や大根、キャベツ、なすなどでもOK。数種類の野菜を合わせてもおいしい。

冷蔵 約**1**週間

玉ねぎのアチャール

〈材料〉
玉ねぎ…1個
A
レモン果汁…大さじ1
サラダ油…大さじ1
砂糖…小さじ1
塩…小さじ$\frac{2}{3}$
カレー粉…小さじ$\frac{1}{2}$
あればクミンパウダー…小さじ$\frac{1}{2}$

1 玉ねぎは縦半分に切ってから薄切りにする。耐熱容器に入れてラップをし、電子レンジで1分ほど加熱して粗熱をとる。**A**は混ぜ合わせる。

2 ジッパーつき保存袋に材料すべてを入れて軽くもみ込む。空気を抜いて口を閉じ、冷蔵室でひと晩おく。

※紫玉ねぎや大根、かぶ、にんじん、きゅうりなどでも同様に作れるが、その際は電子レンジで加熱しなくてもよい。

冷蔵 約**4**日

新玉ねぎとレモンのマリネ

〈材料〉
新玉ねぎ…2個
レモン…$\frac{1}{2}$個
A
レモン果汁…$\frac{1}{2}$個分
酢…大さじ$\frac{1}{2}$
はちみつ…小さじ2〜
塩…小さじ1

1 新玉ねぎは縦半分に切ってから薄切りにする。レモンは厚さ5㎜のいちょう切りにする。

2 ボウルに新玉ねぎを入れて塩をふり、水分が出るまでもむ。**A**を加え、しんなりとするまでさらにもみ、レモンを加えて混ぜる。

※普通の玉ねぎでも作れるが、その場合は1日おくと辛みが抜けて食べやすくなる。好みでタイムやディルを加えるとさわやかに。ポテトサラダに混ぜたり、ハムやマヨネーズを加えたりしてもおいしい。

冷蔵 約**1**週間

玉ねぎ

玉ねぎの甘酢漬け

玉ねぎのアチャール

新玉ねぎとレモンのマリネ

青梗菜の甘酢漬け

〈材料〉
青梗菜…1株（150g）
A
しょうゆ…大さじ2
酢…大さじ2
砂糖…大さじ1
ごま油…大さじ1

1 青梗菜は8つ割りにする。Aは混ぜ合わせる。
2 ジッパーつき保存袋に材料すべてを入れて軽くもみ込む。空気を抜いて口を閉じ、冷蔵室でひと晩おく。

※赤唐辛子1本やラー油適量を加え、ピリ辛味にしても。

冷蔵 約1週間

青梗菜

青梗菜の中華風塩漬け

〈材料〉
青梗菜…1株（150g）
A ごま油…大さじ1
A 塩…小さじ⅔
A 桜えび…3g

1 ジッパーつき保存袋に8つ割りにした青梗菜とAを入れて軽くもみ込む。空気を抜いて口を閉じ、冷蔵室でひと晩おく。

※白菜やきゅうり、キャベツ、レタスなどでも同様に作れる。

冷蔵 約1週間

豆苗

豆苗のにんにくじょうゆ漬け

〈材料〉
豆苗…1袋
にんにく（つぶす）…1かけ分
しょうゆ…大さじ2

1 ジッパーつき保存袋に材料すべてを入れて軽くもみ込む。空気を抜いて口を閉じ、冷蔵室でひと晩おく。食べるときに豆苗を食べやすい長さに切る。

※好みで赤唐辛子1本を入れてもよい。ごま油大さじ1と白いりごま小さじ2を加えると韓国風の味つけになる。

冷蔵 約**5**日

とうもろこし

とうもろこしの浅漬け

とうもろこしときゅうりのクミン炒め漬け

とうもろこしの浅漬け

〈材料〉
とうもろこし…1本
だし汁…200mℓ
みりん…大さじ½
しょうゆ…大さじ½
塩…小さじ½

1 とうもろこしは皮を数枚残して耐熱皿にのせ、ラップをせずに電子レンジで4～5分加熱する。根元から2cmほどのところを切り落として皮とひげ根を取り、厚さ3cmの輪切りにする。みりんは電子レンジで20秒ほど加熱する。

2 ジッパーつき保存袋に材料すべてを入れて軽くもみ込む。空気を抜いて口を閉じ、冷蔵室で1時間以上おく。

冷蔵 約3日

とうもろこしときゅうりのクミン炒め漬け

〈材料〉
とうもろこし…1本
きゅうり…1本
レモン…⅙個
A
オリーブオイル…大さじ1
バター（食塩不使用）…10g
にんにく（みじん切り）…1かけ分
クミンシード…小さじ½
岩塩（または粗塩）…適量

1 とうもろこしは包丁で身をそぎ取る。きゅうりは1cm角に切る。

2 フライパンにAを入れて弱火で熱し、香りが立ったら1を加えて炒める。

3 とうもろこしがしんなりとしたらレモンの果汁を絞り、残った皮を半分に切って加え、さっと炒める。岩塩で味をととのえ、保存容器に移して冷ます。

冷蔵 約3日

トマトと玉ねぎのしょうが酢漬け

〈材料〉
トマト…大2個
玉ねぎ…¼個
しょうが…1かけ
A
酢…大さじ5
砂糖…大さじ1

1 トマトはひと口大に切る。玉ねぎは薄切りにし、水に5分ほどさらして水けをきる。しょうがはせん切りにする。
2 小鍋に**A**を入れて中火で熱し、砂糖が完全に溶けたら火を止める。しょうがを加え、保存容器に移して冷ます。
3 **2**の保存容器にトマトと玉ねぎを加え、冷蔵室で1時間以上おく。

冷蔵 約**5**日

トマト、オレンジ、ドライマンゴーのサルサ

〈材料〉
トマト…大1個
オレンジ…1個
玉ねぎ…⅙個
ドライマンゴー…40g
にんにく…½かけ
A
オリーブオイル…大さじ1
白ワインビネガー…大さじ1
ライム果汁…小さじ2
塩…小さじ¼
あればチリパウダー…適量
岩塩（または粗塩）…適量

1 トマトは2㎝角に切る。オレンジは果肉を2㎝角に切り、薄皮に残った果肉は果汁を絞る。玉ねぎは5㎜四方に切り、水に5分ほどさらして水けを絞る。ドライマンゴーは5㎜四方に切る。にんにくはみじん切りにする。
2 ボウルに**A**を入れて混ぜ、**1**を加えてあえ、岩塩で味をととのえる。

冷蔵 約**3**日

ミニトマトのオイル漬け

〈材料〉
ミニトマト…200g
にんにく（つぶす）
…1〜2かけ分
好みでタイム…2枝
塩…小さじ½
オリーブオイル
…100mℓ

1 厚手の鍋に材料すべてを入れて弱火で熱し、10分ほど煮る。火を止め、そのまま冷ます。

※好みで赤唐辛子1本を加えても。塩の代わりにみじん切りにしたアンチョビー（フィレ）1〜2枚分を使用してもよい。パスタとからめたり、パンにのせたりするのがおすすめ。

冷蔵 約**1**週間

トマトみそ

〈材料〉
ミニトマト…200g
麦みそ（または甘口のみそ）
…60g

1 鍋に半分に切ったミニトマトと麦みそを入れ、弱めの中火で熱して炒める。ミニトマトの水分がなくなり、とろみがついたら火を止め、そのまま冷ます。

※仕上げにみじん切りにした青じそ5枚分を加えるとさわやかに。きゅうりなどの生野菜に添えるのがおすすめ。

冷蔵 約**2**週間

トマト

トマトと玉ねぎのしょうが酢漬け

トマト、オレンジ、ドライマンゴーのサルサ

ミニトマトのオイル漬け

トマトみそ

長いものわさび漬け

長いものカレーピクルス

長いものわさび漬け

〈材料〉

長いも…15cm（200g）

昆布…3cm四方1枚

A

水…大さじ3

しょうゆ…大さじ1

砂糖…小さじ2

酢…小さじ2

練りわさび…小さじ1

1 長いもは縦半分に切る。Aは混ぜ合わせる。

2 ジッパーつき保存袋に材料すべてを入れて軽くもみ込む。空気を抜いて口を閉じ、冷蔵室でひと晩おく。食べるときに長いもを食べやすい大きさに切る。

※わさびを入れないとしょうゆ漬けに。わさびの量は好みで増やしても構わない。早く味をしみ込ませたい場合は長いもを拍子木切りやいちょう切りなど薄く切って漬けるとよい。

冷蔵 約3日

長いものカレーピクルス

〈材料〉

長いも…15cm（200g）

にんにく…1かけ

A

酢…大さじ3

砂糖…大さじ1

しょうゆ…小さじ1

カレー粉…小さじ½

1 長いもは長さ5cmの拍子木切りにする。にんにくは薄切りにする。Aは混ぜ合わせる。

2 ジッパーつき保存袋に材料すべてを入れて軽くもみ込む。空気を抜いて口を閉じ、冷蔵室で3時間ほどおく。

冷蔵 約3日

長ねぎ

長ねぎの和風マリネ

長ねぎときゅうりのナムル

長ねぎの和風マリネ

〈材料〉

長ねぎ…大3本
昆布…5㎝四方1枚

A
- 酢…大さじ3
- オリーブオイル…大さじ2
- 砂糖…大さじ1
- 長ねぎの青い部分(みじん切り)…2本分
- にんにく(みじん切り)…1かけ分
- 塩…小さじ1

1 鍋に長さを半分に切った長ねぎと昆布を入れ、ひたひたの水(分量外)を加えて中火で熱し、沸騰したらふたをして弱火で20分ほど煮る。

2 保存容器にAを入れて混ぜる。

3 長ねぎを長さ4㎝に切り、温かいうちに2の保存容器に加える。

冷蔵 約**5**日

長ねぎときゅうりのナムル

〈材料〉

長ねぎ…1本
きゅうり…1本
好みで糸唐辛子…適量

A
- 白いりごま…大さじ1
- ごま油…小さじ2
- 塩…小さじ½

1 長ねぎはせん切りにして水に10分ほどさらし、水けをしっかりときる。きゅうりはせん切りにする。

2 ボウルにAを入れて混ぜ、**1**を加えてあえる。食べるときに糸唐辛子をのせる。

※せん切りにしたハムやちぎった韓国のりをいっしょにあえても。

冷蔵 約**3**日

長ねぎのイタリア風オイル漬け

〈材料〉

長ねぎ…大3本
にんにく…2かけ
岩塩（または粗塩）…適量
粗びき黒こしょう…適量
オリーブオイル…適量

1 長ねぎは長さ4㎝に切る。にんにくはつぶす。

2 圧手の鍋に**1**を入れ、オリーブオイルを長ねぎが½量ほどひたるまで注ぎ、弱火で熱して20分ほど煮る。火を止めてそのまま冷まし、食べるときに岩塩と粗びき黒こしょうをふる。

※長ねぎはできるだけ太いほうがよい。温かいまま食べてもOK。好みで煮るときに赤唐辛子1本を入れても。食べるときにレモンの皮やパルメザンチーズをすりおろしてもおいしい。

冷蔵 約**5**日

長ねぎの生ハム巻き

〈材料〉2〜3人分
「長ねぎのイタリア風オイル漬け」…7〜8切れ
生ハム…7〜8枚
レモン…適量

1 「長ねぎのイタリア風オイル漬け」を生ハムで巻き、レモンを添える。

「長ねぎのイタリア風オイル漬け」アレンジ

長ねぎの青い部分の有効活用法

・長ねぎの青い部分は捨てずにねぎ油にすると便利です。炒めものやチャーハン、餃子に使うと香ばしさが増します。
・冷ややっこやスープに少量たらして香りを楽しんでもよいでしょう。

◎ねぎ油

〈材料〉
長ねぎの青い部分…2〜3本分
にんにく…2かけ
サラダ油…200㎖

1 長ねぎの青い部分は長さ3㎝に切る。にんにくはつぶす。

2 厚手の鍋に材料すべてを入れて弱火で熱し、焦がさないように注意しながら20分ほど煮る。火を止めてそのまま粗熱をとり、ざるでこしながら保存瓶に油を移す。

冷暗所 約1か月

焼きなすのマリネ

〈材料〉
なす…4〜5本
みょうが…3〜4個
細ねぎ…4本
オリーブオイル
…大さじ2
A
みりん…大さじ½
しょうゆ…大さじ½
レモン果汁…大さじ½

1 なすはへたをつけたまま包丁の刃先で数か所に穴をあける。魚焼きグリルを強火で熱し、なすの表面が真っ黒になるまで焼く。水にとって冷まし、水けをきってへたを取り、皮をむいて縦6等分に切る。バットに並べてラップで覆い、手で押さえて軽くつぶし、ラップをはずす。

2 みょうがは縦半分に切ってから斜め薄切りにし、水に5分ほどさらして水けをきる。細ねぎは小口切りにする。みりんは電子レンジで20秒ほど加熱する。

3 ボウルにAを入れて混ぜ、みょうがと細ねぎを加えてあえる。1のバットに加え、ラップをして冷蔵室で30分以上おく。

※なすは軽くつぶしておくと味がしみ込みやすくなる。しょうゆをナンプラーにして香菜を添えるとエスニック風に。

冷蔵 約5日

蒸しなすのごまじょうゆあえ

〈材料〉
なす…3本
しょうが…1かけ
A
白すりごま…大さじ3
しょうゆ…小さじ2
砂糖…小さじ2

1 なすは乱切りにして水に10分ほどさらし、水けをきる。耐熱皿にのせてラップをし、しんなりとするまで電子レンジで5分ほど加熱する。しょうがはすりおろす。

2 ボウルにAを入れて混ぜ、1を加えてあえる。

※しょうがの代わりに練り辛子少々でもよい。

冷蔵 約5日

なすの黒酢漬け

〈材料〉
なす…5本
にんにく…1かけ
A
黒酢…大さじ3
酢…大さじ3
みりん…大さじ2
しょうゆ…大さじ1
オリーブオイル…大さじ3

1 なすは乱切りにして水に10分ほどさらし、水けを拭く。にんにくはつぶす。Aは混ぜ合わせる。

2 フライパンにオリーブオイルとにんにくを入れて弱火で熱し、香りが立ったらなすを加えて焼く。なすがしんなりとしたらAを加えて煮立て、保存容器に移して冷ます。

※トマトやアボカドと相性がよいので食べるときに混ぜても。豚薄切り肉やひき肉をいっしょに炒めるとメインおかずになる。

冷蔵 約5日

なす

蒸しなすのごまじょうゆあえ

焼きなすのマリネ

なすの黒酢漬け

なすの浅漬け

〈材料〉
なす…小2本
みょうが…1個
しょうが…½かけ
青じそ…3枚
塩…小さじ½

1 なすとみょうがは縦半分に切ってから斜め薄切りにする。しょうがと青じそはせん切りにする。

2 ボウルになす、みょうが、しょうがを入れ、塩をふってもむ。水分が出てきたらそのまま30分ほどおき、水けをしっかりと絞る。青じそを加えて混ぜる。

冷蔵 約**5**日

菜の花の昆布締め

〈材料〉

菜の花…2束（200g）

昆布…20×5cm4枚

1 菜の花は塩少々（分量外）を入れた熱湯で1分ほどゆでて冷水にとって冷まし、水けをしっかりと絞って食べやすい長さに切る。昆布は酢適量（分量外）で湿らせたペーパータオルで軽く拭く。

2 バットにラップを大きめに敷き、昆布2枚、菜の花、昆布2枚の順にのせて★ラップでぴったりと包む。冷蔵室で2時間以上おく。

※菜の花がしんなりとしている場合は冷水に1時間ほどひたし、シャキッとさせてからゆでる。きのこやにんじん、パプリカ、れんこんなどでも同様に作れる。昆布は約2回使える。昆布を酢で拭くと殺菌作用がある。その後はだしをとるときに使ってもよい。

冷蔵 約1週間

にらのおひたし

〈材料〉
にら…1束
卵黄…1個分
白いりごま…少々
A だし汁…大さじ1
　しょうゆ…小さじ2
　みりん…小さじ1

1 にらは塩少々(分量外)を入れた熱湯で30秒ほどゆでて冷水にとって冷まし、水けをしっかりと絞って長さ4㎝に切る。みりんは電子レンジで10秒ほど加熱する。

2 ボウルにAを入れて混ぜ、にらを加えてあえる。食べるときに卵黄をのせてごまをふる。

※しょうゆの代わりにナンプラーを使うとエスニック風に。

冷蔵 約3日

にんじんのしょうゆ漬け

〈材料〉
にんじん…1本（150g）
みりん…大さじ1
しょうゆ…大さじ1
酒…大さじ1
好みでゆずこしょう…少々

1 にんじんは長さ5㎝の拍子木切りにする。みりんは電子レンジで30秒ほど加熱する。

2 ジッパーつき保存袋に材料すべてを入れて軽くもみ込む。空気を抜いて口を閉じ、冷蔵室でひと晩おく。

※ゆずこしょうの代わりに練りわさびやせん切りにしたゆずの皮を用いてもよい。

冷蔵 約2週間

にんじんのソムタム風

〈材料〉
にんじん…1本（150g）
レーズン…大さじ1
ピーナッツ（ロースト済み）…大さじ1
あれば香菜の葉…適量
A
レモン果汁…大さじ1
ナンプラー…大さじ1
桜えび…小さじ2
赤唐辛子…½本

1 にんじんはせん切りにする。レーズンとピーナッツは粗みじん切りにする。

2 ボウルにAを入れて混ぜ、1を加えてあえる。食べるときに香菜の葉をのせる。

※にんじんはあればせん切り用スライサーを使うと味なじみがよい。レーズンは余分な水分を吸ってくれるので戻さずに使用する。ない場合は砂糖大さじ1で代用可。

冷蔵 約3日

キャロットラペ

〈材料〉
にんじん…2本（300g）
A
オリーブオイル…大さじ3
レモン果汁…大さじ1
はちみつ…小さじ2
粒マスタード…小さじ1
塩…小さじ½
粗びき黒こしょう…適量

1 ボウルにAを入れて混ぜ、細切りにしたにんじんを加えてあえる。

※にんじんはあれば細切り用スライサーやチーズグレーターを使うと味なじみがよい。はちみつの代わりに刻んだレーズン大さじ1やドライマンゴー20gでも可。

冷蔵 約3日

にんじん

にんじんのしょうゆ漬け

にんじんのソムタム風

キャロットラペ

パイナップルの白ワイン漬け

〈材料〉

パイナップル…200g
キウイ…1個
グレープフルーツ…½個
ライム（またはレモン）…½個
ミントの葉…2g
白ワイン…適量

1 パイナップルとキウイはひと口大に切る。グレープフルーツは果肉を取り出してひと口大に切る。ライムは厚さ3㎜の輪切りにする。

2 保存瓶に**1**とミントの葉を入れ、白ワインをかぶるくらいになるまで注ぐ。冷蔵室で30分ほどおく。

※くだものは季節のものでアレンジが楽しめる。ジュースや炭酸水で割っても。

冷蔵 約**3**日

パイナップル

パイナップルとレモンのマリネ

〈材料〉
パイナップル…200g
レモン…1/4個
好みのハーブ
（ミントの葉、ローズマリー、タイムなど）
…合計2g
砂糖…大さじ1
黒こしょう（粒）…8個

1 パイナップルはひと口大に切る。ハーブは葉を摘む。

2 ボウルにパイナップルと砂糖を入れてからめる。レモンの果汁を絞り、残った皮もそのまま加える。ハーブと黒こしょうを加えてあえ、ラップをして冷蔵室で1時間ほどおく。

※ハーブはバジルの葉やオレガノ、ディルなどでもよい。黒こしょう（粒）の代わりに五香粉や粉山椒、シナモンスティックでも合う。

冷蔵 約5日

白菜のおかかマヨネーズあえ

〈材料〉

白菜…葉2枚(200g)
塩…4g(白菜の重量の2%)+適量

A
マヨネーズ…大さじ2
白すりごま…大さじ1
砂糖…小さじ2
削り節…小1パック(4g)
しょうゆ…小さじ½
塩…小さじ¼

1 白菜は長さ4cmに切り、さらに芯はそぎ切りに、葉は幅2cmに切る。塩4gをふり、10分ほどおいて水分が出てきたら水で洗い、水けをしっかりと絞る。

2 ボウルにAを入れて混ぜ、白菜を加えてあえる。塩適量で味をととのえる。

※ゆずやレモンの果汁を加えるとさわやかに。豆板醤で辛みをたしてもよい。

冷蔵 約4日

ラーパーツァイ

〈材料〉

白菜…葉5枚(500g)
塩…10g(白菜の重量の2%)

A
酢…大さじ5
砂糖…大さじ3
しょうが(せん切り)…大1かけ分
しょうゆ…小さじ1

ごま油…大さじ2

B
花椒(粒)…小さじ1
赤唐辛子(小口切り)…1本分

1 白菜は長さ4cmに切り、さらに芯はそぎ切りに、葉は幅2cmに切る。ボウルに入れて塩をふり、重しをして15分ほどおき、水けをしっかりと絞る。

2 別のボウルにAを入れて混ぜ、白菜を加えてあえる。

3 鍋にBを入れて弱火で熱する。香りが立ったら2のボウルに回しかけて混ぜ、そのまま冷ます。ラップをし、冷蔵室で1時間以上おく。

冷蔵 約5日

塩もみ白菜

〈材料〉

白菜…葉5枚(500g)
塩…10g(白菜の重量の2%)

1 白菜は長さ4cmに切り、さらに芯はそぎ切りに、葉は幅2cmに切る。塩をふり、水分が少し出てくるまでしっかりともむ。そのままジッパーつき保存袋に入れ、空気を抜いて口を閉じ、冷蔵室で1時間以上おく。食べるときは水けを軽く絞る。

※このままスープや炒めものにも使える。塩の量を白菜の重量の1%(5g)にするとサラダ感覚でたくさん食べられる。その場合の保存期間は冷蔵で約1週間。ごま油やマコネーズ、しょうゆ、レモン果汁などをプラスして好みの味にアレンジしても。

冷蔵 約2週間

白菜

白菜のおかかマヨネーズあえ

ラーパーツァイ

塩もみ白菜

基本の白菜漬け

〈材料〉
白菜…葉3枚（300g）
塩…6g（白菜の重量の2％）
昆布…3㎝四方1枚
赤唐辛子…1本

1 白菜は長さ4㎝に切り、さらに芯はそぎ切りに、葉は幅2㎝に切る。昆布はキッチンばさみで細切りにする。

2 ボウルに白菜を入れ、塩をふってしっかりともみ、昆布と赤唐辛子を加えて混ぜる。

3 ジッパーつき保存袋に**2**を入れ、空気を抜いて口を閉じる。平らにしてバットにのせ、重しをして（P28参照）冷蔵室で3時間以上おく。食べるときは水けを軽く絞る。

※せん切りにしたゆずの皮を加えても。

冷蔵 約**5**日

白菜と鶏肉のスープ

「基本の白菜漬け」アレンジ①

〈材料〉4人分

「基本の白菜漬け」…150g
鶏もも肉…150g
長ねぎ…1/2本
えのきたけ…1/2袋(50g)
あれば花椒(粒)…適量

A
水…600mℓ
「基本の白菜漬け」の漬け汁…65mℓ
酒…大さじ1
鶏がらスープの素…小さじ1

塩…適量
粗びき黒こしょう…適量

1 「基本の白菜漬け」は水けを軽く絞る。鶏肉はひと口大に切る。長ねぎは厚さ5㎜の斜め切りにする。えのきたけは長さを半分に切ってほぐす。

2 鍋にAと1を入れて中火で熱し、煮立ったらあくを取り、弱火にして15分ほど煮る。鶏肉に火が通ったら花椒を加え、塩で味をととのえる。器に盛り、粗びき黒こしょうをふる。

※鶏肉の代わりに鶏団子や豚こま切れ肉、えのきたけの代わりにしいたけでも構わない。仕上げにごま油やラー油をたらして香りをつけても。

白菜と豚肉の春雨煮

「基本の白菜漬け」アレンジ②

〈材料〉4人分

「基本の白菜漬け」…200g
豚バラ薄切り肉…200g
春雨(乾燥)…50g
長ねぎ…1/2本
しょうが…1かけ

A
水…250mℓ
酒…大さじ2
鶏がらスープの素、砂糖、しょうゆ…各小さじ1
塩…小さじ1/4

塩、粗びき黒こしょう…各適量
ごま油…小さじ2
ラー油…適量

1 「基本の白菜漬け」は水けを軽く絞る。豚肉は幅2㎝に切る。春雨はキッチンばさみで長さを半分に切る。長ねぎは厚さ5㎜の斜め切りにする。しょうがはせん切りにする。

2 フライパンにごま油を中火で熱して豚肉を炒め、色が変わってきたら長ねぎとしょうがを加えて炒め合わせる。香りが立ったら「基本の白菜漬け」を加え、強めの中火にして炒め合わせる。

3 全体に火が通ったらAを加えて煮立て、春雨を加えて5分ほど煮る。塩と粗びき黒こしょうで味をととのえ、ラー油を回しかける。

パプリカ

スペイン風焼きパプリカのマリネ

〈材料〉
パプリカ(赤)…大3個
トマト…大1個
A
- オリーブオイル…大さじ1
- バルサミコ酢…小さじ2
- にんにく(すりおろし)…½かけ分
- 砂糖…小さじ½
- 塩…小さじ⅓

バルサミコ酢、塩…各適量

1 オーブンの天板にオーブン用シートを敷き、縦半分に切ったパプリカとトマト(丸ごと)をのせて200℃に予熱したオーブンで30分ほど焼く。粗熱がとれたらパプリカは皮をむき、ひと口大に切る。

2 ボウルにAを入れて混ぜ、パプリカを加える。トマトを手で崩しながら加えてあえ、バルサミコ酢と塩で味をととのえる。

冷蔵 約**5**日

パプリカとしょうがのマリネ

〈材料〉
パプリカ(赤)…大4個
A
- 酢…大さじ2
- 砂糖…小さじ2
- しょうがの絞り汁…1かけ分
- 塩…ひとつまみ

1 魚焼きグリルを強火で熱し、縦半分に切ったパプリカをのせて表面が真っ黒になるまで焼く。粗熱がとれたら皮をむき、ひと口大に切る。

2 保存容器にAを入れて混ぜ、パプリカを加えてあえる。冷蔵室で1時間以上おく。

冷蔵 約**5**日

ピーマン

ピーマンの塩あえ

〈材料〉

ピーマン…4個
キャベツ…葉2枚（100g）
A
白いりごま…小さじ1
塩…小さじ1/3

1 ピーマンとキャベツはせん切りにし、塩ふたつまみ（分量外）をふってもみ、5分ほどおく。水分が出てきたら水で洗い、水けをしっかりと絞る。

2 ボウルに**A**を入れて混ぜ、**1**を加えてあえる。

※ごま油や柑橘類の果汁を加えて香りをつけても。キャベツの代わりに大根でもOK。

冷蔵 約**3**日

ピーマンのみそ漬け

〈材料〉

ピーマン…5個
A
みそ…大さじ2
みりん…大さじ1
砂糖…小さじ1

1 ピーマンは縦半分に切る。みりんは電子レンジで30秒ほど加熱する。**A**は混ぜ合わせる。

2 ジッパーつき保存袋に材料すべてを入れて軽くもみ込む。空気を抜いて口を閉じ、冷蔵室でひと晩おく。食べるときはみそを落とし、食べやすい大きさに切る。

※しし唐辛子やパプリカでも同様に作れる。

冷蔵 約**3**日

ブロッコリーの粒マスタードピクルス

〈材料〉
ブロッコリー…½株
A
酢、水…各200㎖
砂糖…大さじ4
塩…小さじ⅓
ローリエ…1枚
粒マスタード…大さじ1

1 ブロッコリーは小房に分ける。塩小さじ1（分量外）を入れた熱湯で2分ほどゆでてざるに上げ、水けをきる。温かいうちにボウルに入れ、粒マスタードを加えて混ぜる。

2 鍋に**A**を入れて中火で熱し、煮立ったら弱火にして1分ほど煮る。砂糖が完全に溶けたら保存瓶に移し、**1**を加えて冷ます。冷蔵室でひと晩おく。

冷蔵 約**1**週間

ブロッコリー

ブロッコリーのアンチョビーマリネ

〈材料〉
ブロッコリー…1株
アンチョビー（フィレ）…4枚
にんにく…½かけ
パルメザンチーズ（すりおろし）…大さじ2
粗びき黒こしょう…適量
オリーブオイル…大さじ3

1 ブロッコリーは小房に分ける。アンチョビーとにんにくはみじん切りにする。

2 厚手の鍋にオリーブオイル、アンチョビー、にんにくを入れて弱火で熱し、香りが立ったらブロッコリーを加えてさっと炒める。全体に油が回ったら水50㎖（分量外）を加えてふたをし、全体に火が通るまで3分ほど蒸し煮にする。パルメザンチーズと粗びき黒こしょうを加えてからめ、保存容器に移して冷ます。

冷蔵 約5日

ブロッコリーのくたくたオイル漬け

〈材料〉
ブロッコリー…大1株
にんにく…1かけ
塩…小さじ½
オリーブオイル…大さじ3

1 ブロッコリーは小房に分ける。にんにくはつぶす。

2 圧手の鍋に材料すべてと水大さじ3（分量外）を入れる。ふたをして中火で熱し、煮立ったら弱火にして15分ほど煮る。保存容器に移して冷ます。

※途中で焦げそうになったら水適量をたす。パスタソースやブルスケッタにするのがおすすめ。

冷蔵 約5日

ほうれん草

ほうれん草のおひたし

〈材料〉
ほうれん草…1束（350g）
A
だし汁…200mℓ
みりん…大さじ½
しょうゆ…小さじ1
塩…少々
あればゆずの皮（せん切り）…¼個分

1 ほうれん草は塩少々（分量外）を入れた熱湯で茎を30秒ほどゆでてから葉を沈めてさらに30秒ほどゆでる。冷水にとって冷まし、水けをしっかりと絞って長さ3cmに切る。

2 鍋にAを入れて中火で熱し、煮立ったら保存容器に移して粗熱をとる。

3 ほうれん草の水けをもう一度絞ってから2の保存容器に加える。

冷蔵 約3日

ほうれん草とちくわのナムル

〈材料〉
ほうれん草…1束（350g）
ちくわ…2本
A
ごま油…大さじ1
白いりごま…小さじ2
にんにく（すりおろし）…½かけ分
塩…小さじ⅓

1 ほうれん草は塩少々（分量外）を入れた熱湯で茎を30秒ほどゆでてから葉を沈めてさらに30秒ほどゆでる。冷水にとって冷まし、水けをしっかりと絞って長さ3cmに切る。ちくわは厚さ5mmの斜め切りにする。

2 ボウルにAを入れて混ぜ、1を加えてあえる。

※ざく切りにした三つ葉1束分をたすと香りがさわやかに。ちくわの代わりにかまぼこでも構わない。

冷蔵 約3日

まるごとみかんのハーブシロップ漬け

〈材料〉
みかん…小6〜8個
タイム…3枝
レモン果汁…小さじ2
グラニュー糖…150g
重曹…小さじ1

1 鍋に水600ml（分量外）と重曹を入れて中火で熱し、沸騰したら皮をむいたみかんを入れて弱火で3分ほどゆでる。冷水にとって冷まし、水けをきって筋を取る。

2 鍋に水500ml（分量外）、グラニュー糖、みかんを入れて中火で熱し、煮立ったら弱火にして10〜15分煮る。シロップが少しとろりとしたら保存瓶に移し、タイムとレモン果汁を加えて冷ます。

※重曹を入れた湯でゆでると筋が取りやすくなる。取りにくいときは楊枝を使うとスムーズ。シロップで煮るときは煮崩れないように静かに煮立つ程度の火加減で煮る。タイムの代わりにミントの葉やローズマリー、ディルなどでもよい。

冷蔵 約1週間

みかん

水菜とハムのナムル

〈材料〉

水菜…200g

ハム…3枚

A

しょうゆ…小さじ2

ごま油…小さじ2

白いりごま…小さじ1

砂糖…小さじ½

1 水菜は長さ3㎝に切る。ハムは半分に切ってから幅8㎜に切る。

2 ボウルに**A**を入れて混ぜ、**1**を加えてあえる。

※ツナや油抜きをした油揚げを加えても合う。

冷蔵 約**3**日

みょうが

みょうがの甘酢漬け

みょうがとザーサイのナムル

みょうがとザーサイのナムル

〈材料〉
みょうが…3〜4個
三つ葉…2束
味つきザーサイ…30g
あれば青じそ…5枚
A
ごま油…大さじ2
白いりごま…大さじ1
塩…小さじ1/3
ゆずこしょう（または七味唐辛子）…小さじ1/4

1 みょうがは縦半分に切ってからせん切りにし、水に5分ほどさらして水けをきる。三つ葉は長さ2cmに切る。ザーサイと青じそはせん切りにする。

2 保存容器にAを入れて混ぜ、1を加えてあえる。冷蔵室で30分以上おく。

※冷ややっこや蒸し鶏に添えるのがおすすめ。

冷蔵 約5日

みょうがの甘酢漬け

〈材料〉
みょうが…6個
昆布…3cm四方1枚
A
水…50ml
酢…大さじ4
砂糖…大さじ3
塩…小さじ1/3

1 みょうがは縦半分に切って熱湯にさっとくぐらせ、ざるに上げて冷ます。

2 保存容器にAを入れて混ぜ、みょうがと昆布を加える。冷蔵室でひと晩おく。

冷蔵 約1週間

桃と白ワインのハーブマリネ

〈材料〉
桃（生または缶詰）…1個
ミントの葉…10枚
A
白ワイン…大さじ2
グラニュー糖…小さじ2
レモン果汁…小さじ2

1 保存容器にAを入れて混ぜ、幅2㎝のくし形切りにした桃を加えてあえる。さらにミントの葉を加えてからめ、冷蔵室で30分以上おく。

※缶詰の桃を使用する際はグラニュー糖の量を減らしてもよい。

冷蔵 約5日

「桃と白ワインのハーブマリネ」アレンジ①

桃、生ハム、チーズの前菜

〈材料〉3〜4人分

「桃と白ワインのハーブマリネ」…全量
生ハム…5枚（40g）
カマンベールチーズ…½個
ディル…1枝
レモン果汁…小さじ2
岩塩（または粗塩）…適量
オリーブオイル…大さじ1

1 生ハムは食べやすい大きさにちぎる。カマンベールチーズはひと口大に切る。ディルは葉を摘む。

2 ボウルに「桃と白ワインのハーブマリネ」、**1**、レモン果汁、オリーブオイルを入れてやさしくあえ、岩塩で味をととのえる。

※生ハムを刺身用のほたて貝柱にしてもよい。

「桃と白ワインのハーブマリネ」アレンジ②

桃の水きりヨーグルト添え

〈材料〉2人分

「桃と白ワインのハーブマリネ」…8切れ
プレーンヨーグルト（無糖）…200g
あればミントの葉…適量

1 ペーパータオルを敷いたざるにヨーグルトを入れ、冷蔵室で1時間ほどおいて水きりする。

2 器に「桃と白ワインのハーブマリネ」を盛ってミントの葉をのせ、ヨーグルトを添える。

※水きりしたヨーグルトにはちみつをかけたり、粗びき黒こしょうをふったりしてもおいしい。

ピリ辛もやし

〈材料〉

もやし…1袋（200g）

A
白いりごま…大さじ1
ごま油…小さじ2
オイスターソース…小さじ1
豆板醤…小さじ½

1 もやしは塩少々（分量外）を入れた熱湯で30秒ほどゆでて水にとって冷まし、水けをしっかりと絞る。

2 ボウルに**A**を入れて混ぜ、もやしを加えてあえる。

※豆板醤の量は好みで増やしてもよい。

冷蔵 約**3**日

もやしときゅうりのナムル

〈材料〉

もやし…1袋（200g）
きゅうり…1本

A
ごま油…大さじ1
白すりごま…大さじ1
にんにく（すりおろし）…½かけ分
塩…小さじ½

1 もやしは塩少々（分量外）を入れた熱湯で30秒ほどゆでて水にとって冷まし、水けをしっかりと絞る。きゅうりはせん切りにする。

2 ボウルに**A**を入れて混ぜ、**1**を加えてあえる。

※きゅうりの代わりにズッキーニでもOK。さっぱりとさせたい場合は**A**に酢小さじ2を加えるとよい。

冷蔵 約**3**日

もやしの黒酢じょうゆ漬け

〈材料〉

もやし…1袋（200g）
しょうが…½かけ

A
黒酢（または酢）…大さじ3
みりん…大さじ1
しょうゆ…大さじ1
好みで赤唐辛子…½本

1 もやしは塩少々（分量外）を入れた熱湯で30秒ほどゆでて水にとって冷まし、水けをしっかりと絞る。しょうがはせん切りにする。みりんは電子レンジで30秒ほど加熱する。

2 ボウルに**A**を入れて混ぜ、もやしとしょうがを加えてあえる。

冷蔵 約**3**日

もやし

ピリ辛もやし

もやしときゅうりのナムル

もやしの黒酢じょうゆ漬け

りんごの赤ワイン漬け

〈材料〉
りんご…1/4個
A
赤ワイン…400㎖
ブラウンシュガー（またはきび砂糖）…大さじ1
シナモンスティック…1本
あればクローブ…4個

1 鍋に皮つきのまま幅2㎝のくし形切りにしたりんごとAを入れて中火で熱し、煮立ったら弱火にして2分ほど煮る。保存する場合はそのまま冷ます。

※ワインも飲めるし、りんごも食べられる。冷蔵保存した場合は鍋や電子レンジで温める。りんごは皮が赤い品種であれば好みのものでOK。ブラウンシュガーの量は好みで増量しても構わない。

冷蔵 約5日

レタスのごま塩レモン漬け

〈材料〉
レタス…1個
レモン…½個
A
ごま油…小さじ2
白いりごま…小さじ2
砂糖…小さじ1
塩…小さじ½

1 レタスは食べやすい大きさにちぎる。Aは混ぜ合わせる。

2 ジッパーつき保存袋に1を入れてレモンの果汁を絞り、残った皮もそのまま加えて軽くもみ込む。空気を抜いて口を閉じ、冷蔵室で30分以上おく。

※ごま油を菜種油に、白いりごまをクミンシードにするとエスニック風になる。

冷蔵 約3日

レタスのおひたし

〈材料〉
レタス…½個
A
だし汁…300mℓ
しょうが（せん切り）…1かけ分
しょうゆ…小さじ1
塩…小さじ½

1 鍋にAを入れて中火で熱し、煮立ったらレタスを食べやすい大きさにちぎりながら加えてふたをし、火を止めてそのまま冷ます。漬け汁ごと保存容器に移し、冷蔵室で冷やす。

※削り節10gを加えてもおいしい。

冷蔵 約3日

レモンとしょうがのシロップ漬け

〈材料〉

レモン…2個(240g)

レモン果汁…1個分

しょうが…大1かけ(30g)

砂糖…270g(レモンとしょうがの総重量と同量)

1 レモンは厚さ5㎜の輪切りにする。しょうがは皮つきのまま薄切りにする。

2 保存瓶にレモン、砂糖、しょうがの順に5回ほどに分けて入れる。最後は砂糖になるようにして、さらにレモン果汁を加える。常温でひと晩以上おき、砂糖が完全に溶けたら冷蔵室に入れる。

※水や湯、炭酸水(無糖)で割って飲むのがおすすめ。時間がたつと苦みが出るので、苦手な場合はレモンの皮をむいて使用する。しょうがの皮は好みでむいてもよい。

冷蔵 約1か月

れんこん

れんこんのピクルス

〈材料〉
れんこん…大1節（250g）

A
- 酢、水…各200mℓ
- 砂糖…大さじ4
- 塩…小さじ⅓
- ローリエ…1枚
- 赤唐辛子…½本
- 好みでレモン（輪切り）…⅓個分

1 れんこんは長さ4cmに切ってから6〜8つ割りにする。酢小さじ2（分量外）を入れた熱湯で2分ほどゆでてざるに上げ、水けをきる。

2 鍋にAを入れて中火で熱し、煮立ったら弱火にして1分ほど煮る。砂糖が完全に溶けたら保存瓶に移し、れんこんを加えて冷ます。冷蔵室でひと晩おく。

※れんこんは薄い輪切りにするとサンドイッチなどに使える。

冷蔵 約**1**週間

梅酢れんこん

〈材料〉
れんこん…1節（200g）
梅干し…2個

A
- 水…200mℓ
- 酢…大さじ4
- 砂糖…大さじ3
- 塩…小さじ¼

1 れんこんは厚さ5mmの輪切りにして酢水（分量外）に5分ほどさらし、水けをきる。梅干しは種を取り、果肉を包丁でたたく。

2 鍋にAを入れて中火で熱し、煮立ったら弱火にして1分ほど煮る。砂糖が完全に溶けたられんこんを加えて2分ほど煮、火を止めて梅干しを加えて混ぜる。保存瓶に移して冷まし、冷蔵室で3時間ほどおく。

冷蔵 約**5**日

なんでも、ドレッシング。

漬けものだけではなく、余った食材は、ドレッシングやたれにする方法もあります。

パスタ、蒸し鶏、ゆでじゃがいもに

青じそのジェノベーゼ

〈材料〉

青じそ…40枚
カシューナッツ（ロースト済み）…40g
にんにく…1かけ
塩…小さじ1
オリーブオイル…100㎖

1 ミキサーに材料すべてを入れ、ペースト状になるまで撹拌する。

※青じそを育てている人にぴったり。カシューナッツがロースト済みでない場合、150℃のオーブン（予熱なし）で8分ほど焼く。ミキサーの代わりにハンディブレンダーで撹拌してもよい。

冷蔵 約**2**週間

サラダ、蒸し野菜に

にんじんドレッシング

〈材料〉

にんじん…大1本（200g）
玉ねぎ…¼個
にんにく…½かけ
しょうゆ…40㎖
砂糖…大さじ1〜2
みりん…大さじ1
サラダ油、酢…各50㎖

1 にんじんと玉ねぎはひと口大に切る。みりんは電子レンジで30秒ほど加熱する。

2 ミキサーに材料すべてを入れ、ペースト状になるまで撹拌する。保存容器に移し、冷蔵室で半日以上おく。

※砂糖の量は好みで調整する。

冷蔵 約**5**日

豆腐、から揚げ、焼き豚に

ねぎだれ

〈材料〉

長ねぎ…1本
桜えび…大さじ1
にんにく…1かけ
塩…小さじ1と½
粗びき黒こしょう…適量
サラダ油（または太白ごま油）…180㎖

1 長ねぎ、桜えび、にんにくはみじん切りにする。

2 保存瓶に材料すべてを入れて混ぜる。

※桜えびは省いてもOK。

冷蔵 約**10**日

冷ややっこ、蒸し鶏・豚、そうめんに

香菜&ミントだれ

〈材料〉

香菜…5束
ミントの葉…4g
塩…小さじ½
オリーブオイル（またはサラダ油や太白ごま油）…100㎖

1 香菜とミントの葉はみじん切りにする。

2 保存瓶に**1**と塩を入れ、オリーブオイルを注いで混ぜる。

※香菜の香りを強めに利かせたい場合は根の部分も使用するとよい。

冷蔵 約**2**週間

肉

肉だって漬けものにできます。
こちらは主菜にもなるボリューム感。
常備菜にしておくのにぴったりです。
アレンジはどうぞご自由に。

牛肉

牛肉、なす、アボカドのバルサミコマリネ

〈材料〉

牛肩ロース薄切り肉（しゃぶしゃぶ用）…120g
なす…1本
アボカド…1個
にんにく…1かけ
A
- オリーブオイル…大さじ2
- バルサミコ酢…大さじ2
- 砂糖…小さじ2
- しょうゆ…小さじ1
- 塩…小さじ¼
- 粗びき黒こしょう…適量

オリーブオイル…大さじ2

1 なすは乱切りにして水に10分ほどさらし、水けを拭く。にんにくは薄切りにする。

2 保存容器にAを入れて混ぜる。

3 フライパンにオリーブオイルとにんにくを入れて弱火で熱し、香りが立ったらなすを加えて焼く。なすがしんなりとしたら、にんにくとともに2に加える。

4 フライパンを軽く拭いて中火で熱し、牛肉をさっと焼く。色が変わったら2cm角に切ったアボカドとともに2に加え、やさしくあえて冷ます。

冷蔵 約**3**日

鶏肉のさっぱり甘酢漬け

〈材料〉
鶏もも肉…1枚

A
水…150㎖
酢…大さじ3
砂糖…大さじ2
みりん…大さじ1と½
しょうゆ…大さじ1と½
酒…大さじ1と½
昆布…3㎝四方1枚
しょうが(薄切り)…½かけ分
にんにく(つぶす)…½かけ分
塩…小さじ⅓

酒…小さじ2
塩…小さじ½
サラダ油…大さじ1

1 鶏肉は酒と塩をふって10分ほどおく。

2 鍋に**A**を入れて中火で熱し、煮立ったら弱火にして1分ほど煮る。砂糖が完全に溶けたら保存容器に移して冷ます。

3 フライパンにサラダ油を中火で熱し、鶏肉の皮目を下にして入れて両面を焼く。焼き色がつき、全体に火が通ったら火を止め、ふたをして5分ほど蒸らす。

4 **2**の保存容器に鶏肉を加えて冷まし、冷蔵室で半日おく。食べるときに食べやすい大きさに切る。

※トッピングにせん切りにした長ねぎや青じそ、みょうがなどをのせても。

冷蔵 約**5**日

鶏肉とキャベツのエスニック風コールスロー

〈材料〉
鶏もも肉…½枚
キャベツ…葉5枚(250g)
にんじん…½本(80g)
ピーナッツ(ロースト済み)…大さじ2
香菜…1束

A
レモン果汁…大さじ2
サラダ油…大さじ1
ナンプラー…大さじ1
にんにく(みじん切り)…½かけ分

砂糖…大さじ1
塩…小さじ½

1 鍋に鶏肉を入れ、酒大さじ2とかぶるくらいの水(各分量外)を加えて中火で熱し、沸騰したら弱火にして13分ほどゆでる。火を止めてそのまま冷まし、鶏肉を取り出して1.5㎝角に切る。ゆで汁はとっておく。

2 キャベツとにんじんはせん切りにし、塩をふってもみ、10分ほどおいて水分が出てきたら水けをしっかりと絞る。ピーナッツは粗く刻む。香菜はざく切りにする。

3 ボウルに**1**のゆで汁大さじ1と砂糖を入れて混ぜ、砂糖が完全に溶けたら**A**を加えて混ぜる。鶏肉と**2**を加えてあえる。

※香菜の代わりに青じそ5枚や三つ葉1束でも。

冷蔵 約**3**日

鶏肉

鶏肉のさっぱり甘酢漬け

鶏肉とキャベツの
エスニック風コールスロー

豚肉のケチャップマリネ

〈材料〉

豚ロース薄切り肉（しゃぶしゃぶ用）…200g

玉ねぎ…1/2個

トマト…大1個

A
- トマトケチャップ…大さじ4
- 酢…大さじ2
- ウスターソース…大さじ1

片栗粉…適量

サラダ油…大さじ3

1 玉ねぎは薄切りにして水に5分ほどさらし、水けをきる。トマトは1.5㎝角に切る。

2 保存容器に**A**を入れて混ぜ、**1**を加えてあえる。

3 豚肉に片栗粉を薄くまぶす。

4 フライパンにサラダ油を中火で熱し、豚肉を1枚ずつ入れて両面を焼く。色が変わったら油を軽くきり、**2**の保存容器に加えてあえる。

冷蔵 約**5**日

豚しゃぶのピリ辛マリネ

〈材料〉

豚ロース薄切り肉（しゃぶしゃぶ用）…200g

きゅうり…1本

A
- 水…大さじ5～
- 白練りごま…大さじ3
- 砂糖…大さじ1
- しょうゆ…大さじ1
- 酢…大さじ1/2
- 豆板醤…小さじ1/2～
- にんにく（すりおろし）…1/2かけ分
- しょうが（すりおろし）…1/3かけ分
- 塩…小さじ1/3

1 豚肉は酒大さじ1（分量外）を入れた熱湯で1分ほどゆで、色が変わったら冷水にとって冷まし、水けをきる。きゅうりはせん切りにする。

2 ボウルに**A**を入れて混ぜ、**1**を加えてあえる。

※味の濃度は水で、辛さは豆板醤で調整する。濃厚な味にしたい場合は水を成分無調整の豆乳にするとよい。

冷蔵 約**5**日

豚肉のケチャップマリネ

豚しゃぶのピリ辛マリネ

魚介

おつまみにぴったりの、
魚介類の漬けものです。
ご飯やパンにのせても、
とてもおいしいです。

あじのレモンマリネ

〈材料〉

あじ（刺身用・薄切り）…150g
レモンの皮（すりおろし）…¼個分＋適量
レモン果汁…¼個分
塩…ひとつまみ
岩塩（または粗塩）…適量
オリーブオイル…大さじ1と½

1 あじは塩をふって10分ほどおき、出てきた水分を拭き取る。

2 保存容器にあじを入れてレモン果汁をかけ、10分ほどおく。オリーブオイルとレモンの皮¼個分を加えてあえ、岩塩で味をととのえて冷蔵室で1時間以上おく。食べるときにレモンの皮適量を散らす。

※もっともシンプルな魚介のマリネ。まぐろやサーモン、さんま、ほたて貝柱など、新鮮な刺身が手に入ったときに。香りづけに薄切りにしたにんにく½かけ分や好みのハーブをいっしょにマリネしても。レモンがないときは酢や白ワインビネガーでも作れる。

冷蔵 約3日

えび

えびのエスニック風マリネ

〈材料〉
むきえび…100g
玉ねぎ…¼個
セロリ…½本
レモン…¼個
あれば香菜の葉…適量
A
オリーブオイル…大さじ2
レモン果汁…大さじ2
ナンプラー…小さじ2
にんにく(みじん切り)…1かけ分

1 えびは背に切り込みを入れて背わたを取り、塩水(塩分3%・分量外)で洗う。酒大さじ1(分量外)を入れた熱湯でさっとゆで、色が変わったらざるに上げて水けをきる。玉ねぎは薄切りにし、水に5分ほどさらして水けをきる。セロリは筋を取り、厚さ3㎜の斜め切りにする。レモンは厚さ3㎜のいちょう切りにする。

2 ボウルにAを入れて混ぜ、1を加えてあえる。食べるときに香菜の葉を添える。

※刻んだピーナッツを散らしてもおいしい。

冷蔵 約3日

牡蠣

牡蠣のオイル漬け

〈材料〉

牡蠣（むき身・加熱用）…250g
にんにく…1かけ
赤唐辛子…1本
ローリエ…1枚
A［酒…大さじ1
　 オイスターソース（またはしょうゆ）…大さじ½
オリーブオイル…大さじ1＋適量

1 牡蠣は塩水（塩分3％・分量外）でやさしく洗って水けをしっかりと拭く。にんにくはつぶす。

2 フライパンにオリーブオイル大さじ1を入れて牡蠣を並べ、強火で熱して両面を焼く。水分が出てきたら水けをしっかりと飛ばし、ぷりっとしたら**A**を加え、中火にして焦がさないように軽く煮詰める。取り出して粗熱をとる。

3 保存瓶に**2**、にんにく、赤唐辛子、ローリエを入れ、オリーブオイル適量をかぶるくらいになるまで注ぐ。

※牡蠣を洗う塩水が汚れた場合は2〜3回取り替える。食べごろは2日目以降。

冷蔵 約**2**週間

焼き鮭の南蛮漬け

〈材料〉
生鮭（切り身）…3切れ
玉ねぎ…½個
にんじん…⅓本（50g）
A
　だし汁…180㎖
　酢…大さじ3
　しょうゆ…大さじ2
　みりん…大さじ2
　砂糖…大さじ1と½
塩…小さじ½
小麦粉…適量
サラダ油
…小さじ2＋小さじ2

1 鮭は塩をふって10分ほどおき、出てきた水分を拭き取る。皮と骨を除いて3等分に切り、小麦粉をまぶす。玉ねぎは薄切りにする。にんじんは細切りにする。

2 フライパンに**A**を入れて中火で熱し、砂糖が完全に溶けたら保存容器に移す。

3 フライパンの水けを拭いてサラダ油小さじ2を中火で熱し、玉ねぎとにんじんを炒める。玉ねぎが透き通ったら**2**の保存容器に加える。

4 フライパンにサラダ油小さじ2をたして中火で熱し、鮭の両面を焼く。全体に火が通ったら**2**の保存容器に加えて冷ます。

※細切りにしたパプリカやピーマンを3でいっしょに炒めると彩りがよくなる。

冷蔵 約**4**日

焼き鮭ときゅうりのナムル

〈材料〉
甘塩鮭（切り身）…2切れ
きゅうり…1本
白いりごま…大さじ1
塩…適量
ごま油…大さじ1

1 フライパンを中火で熱し、鮭の両面を焼いて全体に火を通す。粗熱がとれたら皮と骨を除き、身を粗くほぐす。きゅうりは1㎝角に切る。

2 ボウルに**1**、ごま、ごま油を入れて混ぜ、塩で味をととのえる。

冷蔵 約**4**日

鮭

焼き鮭の南蛮漬け

焼き鮭と
きゅうりのナムル

サーモンのオイル漬け

〈材料〉
サーモン（刺身用・さく）…200g
ローリエ…1枚
A「砂糖…大さじ3
　「塩…大さじ3
黒こしょう（粒）…5個
オリーブオイル…適量

1 サーモン全体に混ぜ合わせたAをまぶしてラップで包み、冷蔵室でひと晩〜1日おく。水で洗い、水けをしっかりと拭く。

2 保存容器にサーモン、ローリエ、黒こしょうを入れ、オリーブオイルをかぶるくらいになるまで注ぐ。食べるときに必要量を切り分ける。

冷蔵 約1週間

サーモンのポキ丼

〈材料〉2人分

「サーモンのオイル漬け」…150g
アボカド…1個
ご飯（温かいもの）…2人分
細ねぎ（小口切り）…3本分
A「みりん…小さじ2
　白いりごま…小さじ2
練りわさび…少々
しょうゆ…適量

1 「サーモンのオイル漬け」とアボカドは1.5㎝角に切る。みりんは電子レンジで20秒ほど加熱する。

2 ボウルにAを入れて混ぜ、「サーモンのオイル漬け」を加えてからめ、10分ほどおく。さらにアボカドを加えてやさしく混ぜる。

3 器にご飯を盛り、**2**をのせて細ねぎを散らし、わさびとしょうゆを添える。

サーモンのタルティーヌ

〈材料〉2人分

「サーモンのオイル漬け」…100g
玉ねぎ…1/4個
好みのハード系のパン…適量
クリームチーズ（常温にもどす）…適量
岩塩（または粗塩）…適量

1 「サーモンのオイル漬け」は厚さ3㎜に切る。玉ねぎは薄切りにし、水に5分ほどさらして水けをきる。

2 パンは厚さ8㎜に切り、オーブントースターで軽く温める。

3 パンにクリームチーズを薄く塗り、「サーモンのオイル漬け」、玉ねぎの順にのせて岩塩をふる。

しらすの酢漬け

〈材料〉
しらす干し…100g
A┌酢…大さじ5
　└砂糖…小さじ2

1 小鍋にAを入れて中火で熱し、砂糖が完全に溶けたら保存容器に移して冷ます。しらす干しを加えて混ぜ、冷蔵室で3時間ほどおく。

※レモンやゆず、すだちなどの果汁を絞ったり、皮をせん切りにして混ぜたり、食べるときに輪切りにして添えたりすると香りがさわやか。しらす干しとともに昆布3cm四方1枚を加えると味に深みが出る。

冷蔵 約1週間

「しらすの酢漬け」アレンジ①

しらすときゅうりのあえもの

〈材料〉2人分

「しらすの酢漬け」…100g
きゅうり…1本
塩…小さじ$\frac{1}{3}$

1 きゅうりは厚さ2㎜の輪切りにし、塩をふって10分ほどおき、水分が出てきたら水けをしっかりと絞る。

2 ボウルに「しらすの酢漬け」ときゅうりを入れてあえる。

※好みでわかめ(乾燥)2gを水で戻して加えてもよい。

「しらすの酢漬け」アレンジ②

しらすのっけうどん

〈材料〉2人分

「しらすの酢漬け」…100g
ゆでうどん…2玉
大根…150g
A
だし汁…100mℓ
しょうゆ…大さじ1
みりん…大さじ1
砂糖…小さじ1

1 鍋にAを入れて中火で熱し、ひと煮立ちしたら火を止めてそのまま冷ます。

2 うどんはパッケージの表示どおりにゆでて冷水にとって冷まし、水けをきる。大根はすりおろす。

3 器にうどんを盛って大根おろし、「しらすの酢漬け」の順にのせ、**1**をかける。

鯛の昆布締め

〈材料〉
鯛（刺身用・さく）…200g
昆布…15×10㎝2枚
塩…小さじ¼

1 鯛は塩をふって10分ほどおき、出てきた水分を拭き取る。昆布は酒適量（分量外）で湿らせたペーパータオルで軽く拭く。

2 バットにラップを大きめに敷いて昆布1枚、鯛、昆布1枚の順にのせ、ラップでぴったりと包む。冷蔵室で半日～1日おき、1日たったら昆布をはずす。

※鯛は薄切りで作る場合は冷蔵室で2時間ほどおけばOK。刺身用のひらめやすずき、いさき、ほたて貝柱などでも作れる。

冷蔵 約**3**日

鯛のマリネ

〈材料〉
鯛（刺身用・薄切り）…200g

A
オリーブオイル…大さじ2
イタリアンパセリ（みじん切り）…2枝分
レモンの皮（すりおろし）…⅓個分
レモン果汁…大さじ1
粒マスタード…大さじ1
塩…小さじ⅓
粗びき黒こしょう…適量

1 ボウルに**A**を入れて混ぜ、鯛を加えてあえる。

※季節のくだものを薄切りにして合わせてもおいしい。

冷蔵 約**3**日

鯛

鯛の昆布締め

鯛のマリネ

たことアボカドのゆずこしょうマリネ

〈材料〉
たこの足（刺身用）…100g
アボカド…1個
A
- オリーブオイル…大さじ1
- レモン果汁…小さじ2
- ゆずこしょう…小さじ½

塩…適量

1 たこは厚さ3㎜のそぎ切りにする。アボカドは2㎝角に切る。
2 保存容器にAを入れて混ぜ、1を加えてやさしくあえる。塩で味をととのえ、冷蔵室で1時間ほどおく。

※たこは刺身用であれば生でもゆでたものでも構わない。

冷蔵 約**3**日

たこのアヒージョ

〈材料〉
ゆでだこの足…200g
マッシュルーム…5個
ミニトマト…5個
にんにく…1～2かけ
赤唐辛子…1本
ローリエ…1枚
塩…小さじ¼
オリーブオイル…100㎖

1 たこは3㎝角に切る。にんにくはつぶす。
2 厚手の鍋に材料すべてを入れて弱火で熱し、10分ほど煮る。保存する場合はそのまま冷ます。

※たこをえびに代えてもおいしい。

冷蔵 約**3**日

ベビーほたてのオイル漬け

〈材料〉

ベビーほたて（ボイル）…20個（約250g）
にんにく…2かけ
赤唐辛子…1本

A
しょうがの絞り汁…大1かけ分
水…大さじ1
オイスターソース…小さじ2
酒…小さじ2

粗びき黒こしょう…適量
サラダ油…小さじ2＋適量

1 にんにくはつぶす。Aは混ぜ合わせる。

2 フライパンにサラダ油小さじ2を中火で熱し、ほたてを並べて両面を焼く。焼き色がついたら水分を飛ばし、Aを加えてからめながら汁けがほぼなくなるまで煮詰める。

3 保存瓶に2、にんにく、赤唐辛子、粗びき黒こしょうを入れ、サラダ油適量をかぶるくらいになるまで注ぐ。

※サラダ油はオリーブオイルでもOK。保存瓶に注ぐサラダ油にごま油少々をたすとこくが出る。

冷蔵 約2週間

まぐろのイタリア風マリネ

〈材料〉

まぐろ（刺身用・さく）…200g

ミニトマト…10個

A
- オリーブオイル…大さじ2
- イタリアンパセリ（みじん切り）…1枝分
- レモン果汁…小さじ1
- しょうゆ…小さじ1
- 粒マスタード…小さじ⅓
- 塩…小さじ⅓

塩…適量

1 まぐろは2㎝角に切る。ミニトマトは4等分に切る。

2 ボウルに**A**を入れて混ぜ、**1**を加えてあえる。塩で味をととのえ、ラップをして冷蔵室で1時間ほどおく。

※イタリアンパセリを香菜に、しょうゆをナンプラーにするとエスニック風に。刺身用のかつおでも同様に作れる。

冷蔵 約**3**日

まぐろのわさびじょうゆ漬け

〈材料〉

まぐろ（刺身用・薄切り）…200g

練りわさび…小さじ½

あれば細ねぎ（小口切り）…適量

A
- しょうゆ…大さじ2
- みりん…小さじ2
- 酒…小さじ2

1 小鍋に**A**を入れて中火で熱し、軽く煮立たせて火を止める。粗熱がとれたらわさびを加えて溶かす。

2 バットにまぐろを並べて**1**を回しかけ、4〜5分おく。まぐろのみを保存容器に移し、食べるときに細ねぎを散らす。

※子ども用に作る場合はわさびを入れなくてもよい。ご飯にのせてどんぶりにしたり、アボカドを混ぜたり、片栗粉をまぶして揚げたりしてもおいしい。味が濃くなりすぎたらお茶漬けにするとよい。

冷蔵 約**3**日

まぐろ

まぐろのイタリア風マリネ

まぐろのわさびじょうゆ漬け

その他

加工品　卵

こんなものまで！　という
漬けもののレシピです。
味に深みが出て、食材の意外な魅力を
発見できることと思います。

かまぼこのオリーブじょうゆ漬け

〈材料〉
かまぼこ…1本（140g）
A
- オリーブオイル…大さじ2
- しょうゆ…小さじ2
- 練りわさび…小さじ1
- 粗びき黒こしょう…適量

1 保存容器にAを入れて混ぜ、厚さ1cmに切ったかまぼこを加えてあえる。冷蔵室で1時間以上おく。

※わさびをゆずこしょうに代えても。

冷蔵 約3日

こんにゃくのしょうゆ漬け

〈材料〉

こんにゃく…1枚（250g）

A
- しょうゆ…大さじ2
- だし汁…大さじ2

好みで赤唐辛子…1本

1 こんにゃくはひと口大にちぎって砂糖大さじ1（分量外）をふり、しっかりともんで3分ほどおき、水で洗って水けをきる。

2 ジッパーつき保存袋にこんにゃくと**A**を入れて軽くもみ込む。空気を抜いて口を閉じ、冷蔵室で2時間以上おく。

※食べるときに好みの薬味や白いりごまをふると見栄えがよい。ごま油で炒めてもおいしい。だし汁は水大さじ2＋昆布3㎝四方1枚でもOK。

冷蔵 約**3**日

こんにゃくのみそ漬け

〈材料〉

こんにゃく…1枚（250g）

A
- みそ…150g
- 砂糖…大さじ2
- みりん…大さじ1

好みでゆずの皮（せん切り）…適量

1 こんにゃくは厚さ2㎝に切って砂糖大さじ1（分量外）をふり、しっかりともんで3分ほどおき、水で洗って水けをきる。みりんは電子レンジで30秒ほど加熱する。**A**は混ぜ合わせる。

2 保存容器に**A**の½量を敷いてこんにゃくを並べ、残りの**A**を広げてのせる。冷蔵室で2時間以上おき、食べるときはみそを落とす。

※みそ床は約2回使用可。使い終わったものはみそ汁や炒めものに使える。

冷蔵 約**3**日

こんにゃく

こんにゃくのしょうゆ漬け

こんにゃくのみそ漬け

ゆで卵のナンプラー漬け

〈材料〉
ゆで卵（好みの硬さ）…4個
あれば香菜…適量

A
水…大さじ3
ナンプラー…大さじ2
砂糖…大さじ1
オイスターソース…小さじ2

酒…大さじ3
ごま油…適量

1 小鍋に酒を入れて中火で熱し、煮立ったら弱火にして2分ほど加熱する。火を止め、**A**を加えて混ぜ、そのまま粗熱をとる。

2 ジッパーつき保存袋に**1**を入れ、ゆで卵を加えてからめる。空気を抜いて口を閉じ、冷蔵室で3時間以上おく。食べるときにごま油をたらし、香菜を添える。

冷蔵 約**3**日

ゆで卵のゆずみそ漬け

〈材料〉
ゆで卵（好みの硬さ）…4個

A
みそ…大さじ2
砂糖…大さじ1
みりん…小さじ2
ゆず果汁…小さじ2
ゆずの皮（すりおろし）…$\frac{1}{3}$個分

1 みりんは電子レンジで20秒ほど加熱する。**A**は混ぜ合わせる。

2 ジッパーつき保存袋に材料すべてを入れてからめる。空気を抜いて口を閉じ、冷蔵室で3時間以上おく。食べるときはみそを落とす。

※西京漬け風にするとおいしいのでみそは甘口がおすすめ。ピリ辛にしたい場合は**A**にラー油少々をたす。ゆずの代わりにレモンやすだち、ライムなどでもよい。

冷蔵 約**3**日

卵

ゆで卵のナンプラー漬け

ゆで卵のゆずみそ漬け

チーズのしょうゆ漬け

〈材料〉

好みのチーズ
（モッツァレラ、プロセスチーズ、クリームチーズなど）
…100g

A ┌だし汁…大さじ4
　└しょうゆ…大さじ1

1 保存容器にAを入れて混ぜ、ひと口大に切ったチーズを加えてあえる。冷蔵室で30分以上おく。

※小さく切ると味が濃くなるので少し大きめに切るとよい。Aに練りわさびや粉山椒、ゆずこしょうなどを少量加えると味にアクセントがつく。

冷蔵 約3日

チーズのハーブオイル漬け

〈材料〉

好みのチーズ
（クリームチーズ、プロセスチーズ、モッツァレラなど）
…合計100g

にんにく…1かけ

好みのハーブ
（タイム、ローズマリー、オレガノ、ディルなど）…2枝

塩…小さじ½

オリーブオイル…適量

1 チーズはひと口大に切る。にんにくは薄切りにする。

2 保存瓶に1、ハーブ、塩を入れ、オリーブオイルをかぶるくらいになるまで注ぐ。冷蔵室でひと晩おく。

※ハーブの代わりに好みのスパイスで香りづけしても。

冷蔵 約1か月

チーズ

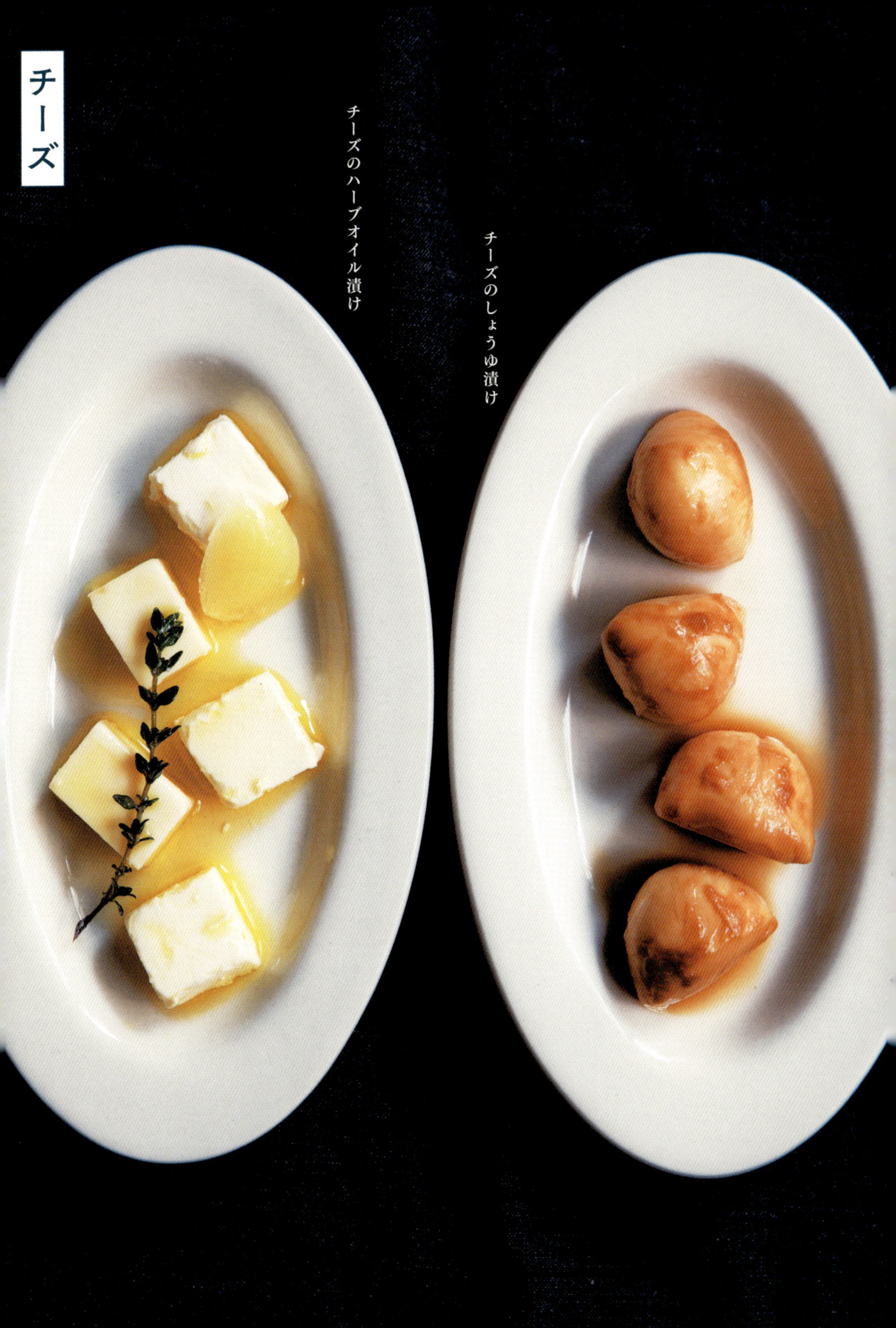
チーズのハーブオイル漬け
チーズのしょうゆ漬け

豆腐のハーブオイル漬け

〈材料〉

木綿豆腐…1丁（350g）
にんにく…1かけ
好みのハーブ
（ローズマリー、タイム、オレガノなど）…2枝
A ┌オリーブオイル…200mℓ
　 └塩…小さじ1

1 豆腐はペーパータオルで包んで重しをし、1時間ほどおいてしっかりと水きりし、2cm角に切る。にんにくは薄切りにする。

2 保存瓶にAを入れて混ぜ、1とハーブを加える。冷蔵室で1日以上おく。

※豆腐がオリーブオイルに完全にひたっている状態にする。冷蔵室に入れておくとオイルが固まることがあるので、その際は常温にもどしてから食べる。サラダやブルスケッタ向き。

冷蔵 約1週間

豆腐の甘酒みそ漬け

〈材料〉
木綿豆腐…1丁（350g）
A
- みそ…大さじ5
- 甘酒（3倍濃縮）…大さじ3

1 豆腐はペーパータオルで包んで重しをし、1時間ほどおいてしっかりと水きりする。Aは混ぜ合わせる。

2 保存容器にラップを大きめに敷いてAの$\frac{1}{3}$量を広げ、豆腐をのせて残りのAを全体に塗り広げ、ラップでぴったりと包む。冷蔵室でひと晩おき、食べるときはみそを落とす。

※甘酒の量は好みで調整する。甘酒がない場合はみりん大さじ3を電子レンジで40秒ほど加熱したものでも構わない。日に日に熟成し、3日目以降はチーズのような風味になる。

冷蔵 約1週間

はんぺんのみそ漬け

〈材料〉
はんぺん…2枚（120g）
A ┌みそ…大さじ2
　└みりん…大さじ1

1 みりんは電子レンジで30秒ほど加熱する。Aは混ぜ合わせる。

2 保存容器にラップを大きめに敷いて1の½量を広げ、はんぺんをのせて残りの1を全体に塗り広げ、ラップでぴったりと包む。冷蔵室で1時間以上おき、食べるときはみそを落として食べやすい大きさに切る。

冷蔵 約3日

ミックスビーンズ

ミックスビーンズのピクルス

ミックスビーンズのにんにくじょうゆ漬け

ミックスビーンズのにんにくじょうゆ漬け

〈材料〉

ミックスビーンズ（ドライパック）…150g
にんにく（つぶす）…1かけ分
昆布…3cm四方1枚

A
しょうゆ…大さじ3
水…大さじ3
桜えび…大さじ2
酢…大さじ1

1 保存容器に**A**を入れて混ぜ、ミックスビーンズとにんにくを加えてあえる。さらに昆布を加え、冷蔵室でひと晩おく。

冷蔵 約**5**日

ミックスビーンズのピクルス

〈材料〉

ミックスビーンズ（ドライパック）…150g
ローリエ…1枚

A
酢…100mℓ
水…100mℓ
砂糖…大さじ3
みりん…大さじ1
昆布…3cm四方1枚
塩…小さじ½

黒こしょう（粒）…5個

1 鍋に**A**を入れて中火で熱し、煮立ったら弱火にして1分ほど煮る。砂糖が完全に溶けたら保存容器に移し、ミックスビーンズ、ローリエ、黒こしょうを加えて冷ます。冷蔵室で1時間ほどおく。

冷蔵 約**1**週間

料理製作

河井美歩

徳島生まれ。京都製菓製パン技術専門学校卒。ABCクッキングスタジオで講師、人材育成、商品企画・開発等を担当したのち独立。2009年、茨城県つくば市にて自然食教室「Cocochi」をスタート。野菜をふんだんに使った料理やイタリア料理、製パンを中心に、華やかでありながら家庭でも作りやすいレシピに落とし込むことを得意とする。著書に『秘密の型なしパイ』（主婦と生活社）、『はじめてのおいしいフォカッチャ』（主婦の友社）。

http://www.ecocochi.com

調理補助／城野聖奈
撮影／公文美和
スタイリング／西﨑弥沙
デザイン／髙橋朱里、菅谷真理子（マルサンカク）
文／佐藤友恵
校閲／安藤尚子、河野久美子
編集／小田真一

なんでも、漬けもの。

著　者　河井美歩
編集人　小田真一
発行人　倉次辰男
発行所　株式会社主婦と生活社
〒104-8357 東京都中央区京橋3-5-7
編集部　☎03-3563-5321
販売部　☎03-3563-5121
生産部　☎03-3563-5125
http://www.shufu.co.jp
製版所　東京カラーフォト・プロセス株式会社
印刷所　共同印刷株式会社
製本所　共同製本株式会社

ISBN978-4-391-15264-7

十分に気をつけながら造本していますが、落丁、乱丁本はお取り替えいたします。お買い求めの書店か、小社生産部にお申し出ください。